U0522774

希望这本书里的自然游戏
能够让孩子们感受到流满于天地之间的快乐
也能够让家长们找回生气勃勃的自己

玩转大自然

张宇燕 著

南方日报出版社

中国·广州

图书在版编目（CIP）数据

玩转大自然 / 张宇燕著. — 广州：南方日报出版社，2024.6.
ISBN 978-7-5491-2878-5

Ⅰ．G78

中国国家版本馆 CIP 数据核字第 2024G8T249 号

WAN ZHUAN DAZIRAN
玩转大自然

张宇燕　著

出版发行：南方日报出版社
地　　址：广州市广州大道中 289 号
出 版 人：周山丹
策 划 人：柏沐芸　邵　晨
责任编辑：曹　星　刘淑桦
特约编辑：邵　晨
责任校对：阮昌汉　熊丽思
责任技编：王　兰
插画绘制：柏露雪
装帧设计：柏露雪
经　　销：全国新华书店
印　　刷：湖南省日大彩色印务有限公司
开　　本：710mm × 1000mm 1/16
印　　张：12.75
字　　数：36 千字
版　　次：2024 年 6 月第 1 版
印　　次：2024 年 6 月第 1 次印刷
定　　价：48.00 元

（如有印装质量问题，请与承印厂联系调换）

推荐序

那天,宇燕老师邀请我给她的新书《玩转大自然》写序时,我很激动、很惊喜、也很好奇。她说她这本书是得益于我对室外境教的研究。可是,能写出《玩转大自然》的偏偏是她。这绝非偶然,我相信人是环境的产物,宇燕老师一定有着与大自然深层联结的经历。我惊讶于宇燕老师对自然万物的发现力与觉知力,在她身上我看到了心灵的灵动与生命力的旺盛,在她身上我看到了爱,轻松自然的状态让人向往。

于是,我与宇燕老师有了更深入的面谈对话。得知她早年是一位小学三年级的科学老师,为了讲好一节生物课,她可以备课一个星期,找来各种树叶、各种昆虫,也让孩子们走出课室,在校园里寻找各种奇怪的叶子。她的课堂可以把课室搞得满地泥巴、"杂草丛生",也因此遭到同校老师的投诉。她是老师群里最"麻烦"的老师,却又是学生们最喜欢的老师,她的学生科学成绩都非常好。一位在学校里"格格不入"的老师却让学生们学得层层深入。我在想,知识如果没有发挥它的"育人"功能,那知识只能成为快餐,没有多少营养。宇燕老师做到了以境育人,她用具象化的教学在学科教育里做到了科学教育。她的课堂快乐、轻松,学生们深入理解,高效吸收。虽"麻烦"了老师却成就了学生。从小就梦想成为一位好老师的她,不忘初心,让人敬佩。

她就是这样一位活出生命力与创造力的老师,她有爱,又喜欢大自然。哦,不!也可以说是她喜欢大自然,因而更有爱。她培养了学生们的发现力与感知力,增长了学生的知识与见识的同时又达到了"育人"的境界。与其说是她奇思妙想,不如说是她的爱好带来了灵感的自然生发。宇燕老师从小就喜欢在大自然中玩,她与我分享了许多她小时候的"俏皮",抓虫子、掏鸟窝，拿着小工具到大自然中去创造玩具。这是她的童年，又是今天她对"玩转大自然"的实践理解。她完全有资格成为我们的科学老师，我们愿意成为她的学生，因为我们也想再次年轻，亲近大自然，玩童年还没玩够的游戏，甚至玩还没有玩过的"玩具"。我已经迫不及待地想带着孩子跟着宇燕老师去玩了。

人的能力是在"想要"的过程中发展出来的。家长与孩子都应该不会反对去玩，玩中学，学中玩。从感觉，到感知，再到认知，是达成深层认知的三部曲，这也是室外境教所提倡的。在室外境教中有"还原地球"系列，其中一项就是还孩子一个不被人为扭曲的真实世界。在真实的世界里含有真实全面的信息，完整人格就需要提供完整的信息。在大自然中就是对一切人为知识的真实还原。很多孩子经历过"玩转大自然"后，发现力与感知力都有不同程度的提升。在真实世界里待久了的孩子自然就会降低对虚拟世界的依赖。对周围一花一草一木都能产生注意力的孩子，你不用担心他会沉迷手机、网络。

参加"玩转大自然"多次的孩子，创造力是让人惊叹的。就如书中讲到的："宝盖草可以做成小风车，竹叶可以做小船，芦苇秆可以做成微型竹筏，狗尾草不仅可以玩'毛毛虫'，还可以做各种不同的毛绒小动物，无患子可以吹口哨和泡泡……"世界上没有创新，只有排列组合，这就是由发现力带来的创造力。观察每种物品的天然属性，让万物人为地"顺其自然"。"顺其自然"不是一种心态，而是对万事万物的一种洞见。孩子们的洞见力是一种能力，在"玩转大自然"中会成为一种习惯，习惯洞见，太让人期待了。

让我们一起走在教育的路上，做路上的教育！

林青贤（字：恒辰）
2024年5月15日（国际家庭日）

序 花草树木亦是远方

我为何要写这本书呢？

时间先推回到 2019 年，那一年讲了 30 多场父母专业课之后，我发现现代儿童的心理问题远比想象中要严重。当这已经成为社会问题时，我很想找到原因，我也很想为这个时代的孩子、这个时代的父母做些什么，能让孩子健康快乐成长，让父母更轻松愉快地养育孩子。2020 年初，我的线下课程大部分取消，而我寻找答案的心却在这样的背景下越来越强烈。

于是，我开始不断学习和查阅资料，这个过程中我看到"大自然缺失症"这个新名词，才了解到，现代儿童的心理问题都是因为孩子长期待在钢筋水泥铸就的城市里，不与自然接触带来的后果。根据红树林基金会的《城市中的孩子与自然亲密度调研报告》，中国大城市有 12.85% 的孩子每天户外活动时间几乎为零，而在全国调研中，16.33% 的孩子有大自然缺失症倾向，也就是说 10 个孩子中至少有一个孩子患有大自然缺失症。

原来青少年儿童的问题越来越严峻，和社会环境的变化息息相关。

社会环境都有怎样的变化呢？

小时候，我们走出房屋就是开阔的视野，上树摘果、下河摸鱼，肆意挥洒探索欲、好奇心，和自然、和人的联结都是自然而然的。我到现在还很怀念放学后在户外、在自然中不玩到天黑不罢休的时光，那时候总是要让父母千呼万唤才肯回家。被爸妈打了骂了，和朋友漫山遍野疯跑一下、玩一圈，浑身是汗，情绪也就释放出来了。越成长，越有劲儿。小时候在自然中的漫游时光，有时候自己一个人，有时候和朋友们一起，但是去哪里、怎么去都完全由我们自己做主。然而，现在城市里的房子都是高楼大厦，孩子早已和自然脱了轨。

经过几年的研究和实践，我发现大自然对提升儿童的幸福感、健康水平、适应力、认知能力和运动能力均有积极的影响，看到了人与自然联结的意义，触及了育儿的核心，也触及了童年时期成长的核心。我发现，自然游戏是让孩子联结自然的最好方式，因为没有孩子不爱玩耍，玩耍是童年的标志，孩子也是通过玩耍来了解世界的。就像爱因斯坦说的："玩耍是研究的最高形式。"现在的孩子貌似什么都不缺，缺少的是与自然的"联结"。孩子就像需要睡眠和食物

一样，需要在大自然中玩耍啊！

原来，多带孩子到户外、自然中去玩，很多的育儿问题就能自然而然化解呀！这不是轻而易举的事情吗？玩，根本不用教呀，哪个孩子还不会玩呀，这是孩子的天性啊！

原本我也以为很简单，但当我试着走进自然的时候，我却很尴尬地发现，久居城市的我，与大自然的联结已经少得可怜。最初我和朋友们带孩子去到自然中的时候，发现许多孩子并不知道在大自然中可以玩什么，尤其是年龄大些的孩子，甚至会喊着无聊，找

手机玩，或者戴着耳机听故事、听音乐，沉浸在自己的世界里。我常常看到公园里，爸爸妈妈和孩子面对面坐着，却拿着各自的手机低着头。爸爸妈妈好像有些束手无策，如何引导孩子联结自然、享受自然的乐趣成了一个难题。回想过去的童年时光，身边的亲人朋友都说我是个超级热情、充满活力、非常会玩、会与人互动的人，而如今长大后的我，感受不到我有这样的活力，也感受不到自己是个会玩的人。

我想找回曾经的自己，为了我的孩子，也为了更多的家长。为了寻找答案，我开始去研究如何让现代的孩子走进自然、联结自然、热爱自然。我把我大部分的精力都投入自然教育和培养人与大自然的联系这个工作中。

我翻阅大量的书籍，走进身边的公园、花园、小溪、河流、树林，不断研究自然指导课程，定下一个小目标：每周陪伴我的孩子和他身边的小伙伴到自然中去玩耍。于是，我和儿子一起去寻找雀巢、学习"鸟语"，和孩子们在雨林徒步，和他们去认真观察树林和枯枝上冒出的蘑菇，去收集果实，在自然中寻宝。我们边玩边学，到处走动，转眼间这样的时光已经过去了几年。

一开始，我想到的自然游戏都和我的童年有关，我小时候做柳哨、拔老将、编花环，只是没想到现代的孩子仍然喜欢这些我以为很古老的自然游戏。那时候我总是为下一周能带孩子们到自然中做什么发愁，恐惧着江郎才尽的那天到来。然而没有想到的是，在这个过程中，每周看到孩子们投入自然时的喜悦，看到他们总是那么生气勃勃，享受其中，我越来越享受带他们走进大自然的时光。或许是因为与自然的联结越来越多，孩子们喜悦和快乐的体验越来越多，我发现自己开始灵感不断，我发现原来自然中有玩不完的游戏，有用不完的创意，我发现自己变得无比有趣和有灵感，从前的活力、热情和自信在我身上越来越多。

不知不觉地，身边的花草树木都变成了孩子们的玩具；不知不觉地，他们熟悉了身边的每一片树林，每一块草坪，他们开始越来越懂得如何去观察身边万物的变化，越来越热爱自己生长的地方。有家长和我说，在没有认识你之前，从来没有发现杭州的四季如此分明如此美。他们分享道，孩子们走出门，就能自己寻找许许多多的乐趣，自动开启许多自然游戏，融入自然已经成了他们生活的常态。

这几年，我儿子从一个幼儿园的小朋友，转眼间成长为高年级的小学生，在自然中浸泡着长大的他健康而有光芒。更重要的是，我能感受到自己无论是身体的还是心理的能量都在逐步增加。还有这群孩子，因为每周我们在一起的自然时光，成长得那么健康、那么阳光。还记得去年冬天，有一段时间非常寒冷，很多孩子都生病请假去不了学校，那个周末我以为会有很多孩子缺席，然而没有想到在这样的情况下，孩子们一个不少地都来了。能让他们来的另一个原因，是这几年的户外自然体验让他们拥有了更强健的体魄。这本书第四章"自然游戏的亲子实践收获"，就是由他们来书写的。

我发现，如果去不了远方，身边的花草树木就是亲近自然的最好方式。在这个过程中我也发现，亲近大自然的最佳场所，并不局限在远方，而在你当下所处的任何地方。

教育专家林青贤老师常常讲人是环境的产物，室外境教就是父母有知有觉地行动，孩子不知不觉地成长。知识加见识会让孩子成才，在孩子6岁前林老师就带他们四处游历，去访山游水，看名胜古迹：去东南海边捡贝壳，去东北看冰雪世界，去西北看火焰山，去西南看热带雨林里的虫蛇怪草，去中原地区看人类文明的起源……他相信环境会影响孩子的心性，通过环境对人的教化力量发展孩子的人格、三观、感觉、感知，等等，让孩子"心由相生"。林老师说室外境教还可以在各个场所进行，你可以带孩子到楼下、公园，或去爬山、去沙滩，哪怕是送孩子上学、带孩子逛商场的路上，都可以实施"境教"。我听到这些的时候特别兴奋，这几年我做的研究和发现，与林老师室外境教的理论不谋而合。我想我应该把这些经历写成一本书，把这几年我带孩子们玩的自然游戏呈现出来，因为其实我们无论是去远方，还是在家门口，自然都在身边。自然就是最好的老师。运用花草树木的自然游戏，让孩子在路上、在家门口都能够乐在其中，建立对自然、对生活的美好感觉。

《玩转大自然》从我带孩子们玩的自然游戏中选取了一部分，在第三章"四季游戏奇遇记"按照春、夏、秋、冬的顺序来呈现，选取各个季节中我们身边最常见的自然物，比如花、草、树、木、石头等来做游戏材料。这些自然游戏看起来很简单，但是相信我，只要你和朋友，无论是大人还是孩子，一起玩这些游戏时，就会体会到自然的美和神奇；只要你亲自动手去做，就会感受到和大自然产生的紧密联结并留下深刻的记忆。每个自然游戏过程要分几个步骤，要准备什么材料，这个游戏会让孩子得到怎样的成长和收获，都在书中分享给读者。这样在每个季节，你都可以带着孩子迈开双腿，投身于大自然当中。

《连线》杂志曾发表过一篇题为《有史以来最棒

的五个玩具》的文章，你会惊讶地发现，里面没有任何高科技游戏，排名最高的玩具是树枝、盒子、绳子、纸板、泥巴。这些玩具的特点就是全部符合零散部件的要求，全都没有特定的功能，这种玩具的用途几乎是无限的，只受限于想象力。而本书会让你发现，无论是春天的花、夏天的叶、秋天的果，还是冬天掉落的树枝，配上一些简单的纸、绳、笔等小工具，再配上我们充分的想象力和创造力，就可以变成好玩的自然游戏。这种在自然中的玩耍和学习就会变得简单又快乐，让我们和孩子一起在自然中享受乐趣。

这本书里的自然游戏，希望能起到抛砖引玉的作用，唤起你亲近自然的热情，能让你像我一样迸发灵感，找回曾经生气勃勃的自己。我要强调的是，游戏的目的，其实并不是让孩子记住多少"知识"，而是帮助大家在自然中快乐地体验和玩耍，并建立起对自然的好感，让孩子走在天地间就能感受世界的快乐和美好。

我希望本书能让家长们更轻松地养育孩子，能让孩子轻松扔下手机，走到自然环境中，享受和小伙伴玩耍的乐趣，深刻地感受大自然的魅力。很多时候孩子的问题，不一定真的是孩子的问题，而有可能是因

为我们没有引导孩子进入更好的成长环境中。

  我更希望本书能让更多的家长和教育者认识到，儿童与自然的接触不仅仅是玩玩儿而已，而是儿童成长的过程中不可或缺的一部分。《玩转大自然》不是一本翻翻就好的书，书中的每一个游戏、每一句话其实都在向家长和教育者们呼吁：快带孩子到自然中玩儿吧！快让他们到自然中去玩、去闹、去笑！快让他们去探索自然的乐趣，去发现自然的美好和快乐！不要等到太晚,不要等到孩子只愿意与电子产品为伴,让孩子有一个亲近自然、乐享自然的童年吧!

目 录

1 大自然缺失症的入侵   001

    什么是"大自然缺失症"   002
    如何让大自然缺失症溜之大吉   006

2 大自然的魔法力量   011

    生活里的大自然   012
    看,大自然的魔法师都在做什么!   017
    大自然的启示   028

3　四季游戏奇遇记　　　　　　　　　　**038**

春　　　　　　　　　　039
自然珠宝 / 春天的乐章——吹柳哨
竹叶小船 / 自然花园坛城 / 接雨水

夏　　　　　　　　　　062
云中漫步 / 狗尾草的世界 / 石头画
自然水渠 / 好玩的枫杨

秋　　　　　　　　　　088
王者之梗 / 落叶调色盘 / 果实对对碰 / 银杏叶的奇妙世界
滚草坪 / 百变无患子——神奇泡泡果 / 秋日寻宝

冬　　　　　　　　　　123
条条道路通罗马 / 松塔之爱 / 一帘幽梦丝相连
枸骨叶风车 / 寻找我的树 / 叶子拼图

4　自然游戏的亲子实践收获　　　　　　　　　　**150**

与孩子一起乐享自然，享受养育　　　151
和孩子一起在大自然中成长并疗愈　　　158
在自然中成长，遇见更好的自己　　　165
大自然的神奇能量　　　170

编后记　　　　　　　　　　**176**

1

大自然缺失症的入侵

什么是"大自然缺失症"

有一年几乎每个周末我都在全国巡回讲父母专业课,在那一年里我发现参加课程的许多父母都在寻求同一个问题的答案,那就是他们已经竭尽全力去追求科学养育,为什么跟从前相比,孩子生活得那么富足,可精神却越来越脆弱,出现的身心问题越来越多?

在寻求这个答案的过程中我看到"大自然缺失症"这个词汇。我突然发现,除了爸爸妈妈们可能需要改善教育方法外,我们的孩子更需要的是克服"大自然缺失症",它或许也是现代城市孩子亟需解决的问题。

"大自然缺失症"是美国著名作家查理德·洛夫在

《林间最后的小孩》这部作品中提出的概念，指的是当代儿童户外活动时间越来越少的趋势，用以描绘当代社会的孩子们与大自然缺乏联系的事实。孩子们在高科技生活的包围下，远离大自然，被电脑、电视、手机等吸引，玩乐的方式也仅局限于室内的游乐场，有些孩子甚至在自然环境中反而会表现得手足无措，失去了和自然亲近的本能，从而引发了一系列的健康问题。

因为户外活动、接触自然的机会太少，许多孩子越长大，就越不愿意到户外去走走。即使到了户外，也没有让自己的身体和心灵与大自然在一起，更多的是拿着手机刷视频、打电子游戏。不仅仅是孩子，很多成人也是如此。医学专家认为居所远离自然环境，会导致孩子脾气暴躁、焦虑不安、多病、经不起挫折，这些都是当前孩子长期待在钢筋水泥铸就的城市里，不与自然接触的不利影响。

而孩子长期脱离户外自然体验，不认识作物，分不清花草，越来越少因自然之伟大而敬畏，也越来越少为生命之奇妙而赞叹，失去了探索的好奇心，也少了发现的快乐。

曾经有个朋友带着她的女儿找到我，见到她们的时候我正带着十几组家庭在钱塘江边玩滚草坪的游戏，爸爸妈妈和孩子们在草坪上自由翻滚，他们单人滚、双人滚、蛙泳滚、仰泳滚……滚得天旋地转，随之而来的是直破云霄的笑声。听着那些不断传入耳朵的笑声，朋友向女儿邀请说："我们也去草坪上滚一滚？"女孩淡淡地说："没兴趣，那有什么好玩的。"在休息间隙，女孩跟我说："我不知道为什么就是高兴不起来！我的爸爸妈妈很爱我，从来没骂过我打过我，我觉得学习压力大，我要休学，他们支持，我觉得心理学对自己有帮助，他们花很多钱支持我去学习，我有什么需求他们都会满足我，可是我怎么都感觉不到快乐和幸福。我不知道活着的意义是什么，您可以告诉我答案吗？"我没有立即回应她，而是询问起女孩童年的趣事，女孩几乎说不出几件印象深刻的快乐的事情。朋友流着眼泪和我说，在孩子很小的时候，夫妻俩工作非常忙碌，只能把孩子交给奶奶带，奶奶腿脚不怎么方便，经常将女孩放在婴儿车里，孩子想妈妈的时候就哭，哭累了就睡，睡醒了又哭着找妈妈。朋友说一直到现在女儿上大学了，她都不曾带着女儿像那群孩子那样，在大自然中体验那种大声而快乐至极的笑声。

那一刻，我想或许一个人只有感受到生活的美好的时候，才会积极向上，才会有更多的动力去创造美好。那一刻，我在想，如果一个孩子，在经过一片草坪的时候，有一片草坪的快乐；捡到一片落叶有一片落叶的快乐；穿过一条小溪，有一条小溪的快乐；看见一朵花，有一朵花的快乐……他走在这个世界，到处都是快乐的"按钮"，到处都是美好的"按钮"，他又有什么理由不积极、不向上呢？

幸运的人用童年治愈一生，不幸的人用一生治愈童年。我特别希望能通过自己的传播，影响更多家庭去改变，用更多的时间和精力去陪伴孩子，一起乐享大自然，共筑幸福美好的童年，让我们的孩子都能成为那个幸运的人。

如何让大自然缺失症溜之大吉

此刻我想请你回忆一下,你的童年是否比现在的生活有趣得多?我们那个年代玩的游戏,我们的孩子有没有玩过?小时候在春暖花开的山野间寻野菜,夏天暑气褪去之后放牛割猪草,秋收农忙的时候跳草垛,摘柿子,嘴里是柿子的沁甜,冬寒结冰的时候舌头与冰柱粘连的刺痛……每次跟孩子描述起过往的趣事,他们脸上呈现的漠然,不知道是在度量这段故事时间的久远,还是因为对这样场景感到陌生。

还记得我们首次组织亲子活动的时候,第一个选取的游戏是"寻找我的树"。

我们先让父母牵着用眼罩蒙着眼睛的孩子去找寻一棵树,让孩子利用眼睛以外的其他感官去感知、记住这棵树。感知结束后,再由父母将孩子带回原地。孩子摘下眼罩后,凭着身体记忆去找到那棵"大树朋友"。出人意料的是,所有孩子都找到了属于自己的"大树朋友"!他们激动地分享自己是如何找到那棵树的,仿佛发现了自己有特异功能一般,是那么不可思议。

之后轮到父母蒙上眼睛了,孩子们此刻比自己玩时更兴奋。孩子们着急地给父母戴上眼罩,快速地拉着"看不见东西"的父母出发。父母带着些许忐忑和"这样真的能找到吗?"的疑虑,嘴里不断提醒孩子走慢

一点，开始了第一次对大树的探索。他们学习孩子认识树的方式，去找这棵树能让他识别的更多特点，抱抱它、闻闻它、摸摸树皮和露出地表的树根，听一听周围的声音，感知鞋子踩在地面的不同坡度，感受一下阳光的方向。神奇的是，在他们摘下眼罩的那一刻，就已经确认了方向。哪怕孩子带着他们在起点和终点绕了不少圈，回到原点，摘下眼罩后，他们同样轻而易举地找到了那棵"大树朋友"。他们开心得像个孩子，激动地分享自己寻找大树的过程，发现原来当眼睛闭上的时候，其他感官的作用才能有更大的发挥，更能帮助我们提升感知力，使我们更加全面地"看待"一切事物。那个许久不见的纯真、放松的笑容展现在每一位爸爸妈妈的脸上。

在这个"内卷"时代的影响下，家长们陪着孩子往前走的时候，忽略了玩的价值与意义，渐渐拉远了孩子与自然的距离。在追溯艺术起源的过程里，很多哲学家认为艺术创作是在游戏里产生的，足以见得游戏对于思维活动的激发有多么重要。席勒曾经说过："只有当人在充分意义上是人的时候，他才游戏；只有当人游戏的时候，他才是完整的人。"

玩是人类的天性，更是孩子成长过程中不可分割的一部分。玩就像一抹鲜艳的涂料，为孩子人生空白的调色板涂上第一笔颜色，他们也通过玩第一次接触了世界。孩子们从小就对万物充满了好奇，也因此有欲望去了解万物。于是，在这一过程中就学会了玩。儿童丰富的想象力打造了各种千奇百怪的玩法，无论是独自玩耍还是与同伴一起动手，都会在玩耍与实践中收获快乐。玩是获取知识、增长才干的钥匙，玩是塑造性格、丰富情感的向导。它不仅会带来欢乐，也为孩子们的成长提供了环境和机会。他们不知不觉地在玩中增长经验，增加阅历，丰富生活。年纪稍长，便从单纯的玩中衍生出更高级的东西——他们的思想逐渐成熟。在玩中也会生发一些创造性的问题，怀揣着在玩中产生的疑问，他们便开始探索，开始初步的学习，观察各种现象，对世界展开进一步认识。所以我说，玩是学习的动力。

在大自然中玩，玩出更高的思想境界，更容易培养孩子良好的心性，去热爱、去保护大自然，去敬畏生命。从 20 世纪 80 年代起，日本人就开始推行一种叫作森林浴的传统，到森林里去放松和娱乐。在那里，他们步行，深呼吸，打开所有的感官，大部分时间都在沉默中度过。大自然有着无与伦比的激发人类情感的能力，有助于培养原始而强大的惊奇感、敬畏感、神秘感、快乐感以及恐惧感。在高山草甸上嗅到野花的气息，冲进拍岸的浪花中，这些都是与虚拟世界截然不同的体验。

当然，要让我们的孩子喜欢在大自然中玩，作为父母的我们，是需要学习的。不会玩的生命是不鲜活的，是没有生命力的。没有玩的记忆，是残缺不全的记忆。玩是一种实践的过程，其中有无穷无尽的"宝藏"等着我们去收获。在玩中我们和孩子都能得到成长，我们的心智越来越成熟，心灵越来越丰盛，永葆好奇心，去探索和体验生命中的一切美好。

2

大自然的魔法力量

生活里的大自然

偶尔在人行道上看到一排排银杏树开出点点嫩芽，便会回忆起去年的 11 月，我带着孩子们捡拾了一堆银杏叶，做了蝴蝶、玫瑰花，还做了好多的银杏书签。孩子们当时的笑脸、做出来的作品，历历在目，满满的回忆。

偶尔在经过的居民区里，遇到难得见到的中国梧桐树，看向树梢，那上面还挂着一大串一大串的果实，心想，这些果实什么时候才会落呢？之前我们特地在各个公园里寻找中国梧桐的时候，都无功而返，此刻发现整个小区里种的都是它，欣喜万分。

偶尔在社区里散步，发现路边的灌木丛新生的嫩叶甚是可爱，圆嘟嘟的，像极了婴儿的小脸庞。这些嫩绿嫩绿的小叶子，向四方八方伸展开来，大口大口地吮吸着雨水，尽情地展现它们鲜活的生命力。

偶尔走在街道上，看见地上一大片一大片的红叶，路的那一头，两位环卫工人正将落叶装进大蛇皮袋，仔细一看，好几个大袋子已经装满了。原来不仅秋风扫落叶，春风也扫落叶呢。这些红叶都来自香樟树，我随手拾起一片，将它卷起，做成口哨，享受自给自足的快乐。如果有心，你会发现，每一片落叶的纹理和颜色都不同。如果只是闻它的完整叶片，不太能闻得出香味，将它揉碎或撕开，贴近鼻子，就会闻到一股非常浓烈的香味。

经常出入的地铁口附近有七八棵枫香树,秋天地上落满了红色枫叶,我带着孩子们用落叶做起了乌篷小船,直接找条附近的小河,让小船在河里随风远航,心儿都跟着它在水中自由航行。在冬天,你会发现那枫香树的果实——路路通基本掉落了。孩子们拿着宝物篮在枫香树下疯狂捡拾,兴奋地大叫,引得路上的行人停下来,看看树,看看孩子们,心想,这每天去地铁口必经的路上,有什么东西会让他们如此激动?

他们不会知道,这路路通是可以让我们产生心流的"游戏"。这种实现路路通自由的时刻,让人情不自禁地想要大声分享出去。

大自然一直在我们的身边,只是我们的心离它越来越远。宝盖草可以做成小风车,竹叶可以做小船,芦苇秆可以做成微型竹筏,狗尾草不仅可以玩"毛毛虫",还可以做各种不同的毛绒小动物,无患子可以吹口哨和泡泡……这些我们小时候玩过的和大自然相关的游戏,现在的孩子都在玩吗?

为什么我要鼓励大家走进大自然、乐享大自然?因为当我重拾它,我就找回了最纯真的自己,我的心变得更加柔软。

在大自然中寻求智慧并不难。最重要的是，使我们自己的心，柔软到我们看到一片花瓣落下，都会动容触动。唯其柔软，我们才能敏锐地觉察；唯其柔软，我们才能有包容之心；唯其柔软，我们的生命才能精致；唯其柔软，我们才能接纳生命，才能允许生命的独特性。

柔软心是大悲心的芽苗，柔软心也是菩提心的种子，柔软心是我们在俗世中生活还能时时感知自我的清明的源泉。

那最美的花瓣是柔软的，那最绿的草是柔软的，那最广阔的海是柔软的，那无边的天空是柔软的，那在天空自由飘浮的云彩，最是柔软。

我们内心的柔软，可以跟花瓣一样美，跟草一样绿，比海洋更广，比天空更无边，比天上的云还要自由。

柔软是最有力量的，也是最恒久的。

大自然可以抚慰心灵上的一切忧伤，让我们心理上感觉到幸福、舒适和安全。只要我们有心，用心观察和探索，就会重新发现身边的大自然，走近它并走进它，去发现和创造更多有趣又美好的生活。

让我们一起发现身边的大自然，成为一个爱玩又会玩的父母吧！让孩子们拥有一个跟大自然在一起的美妙童年吧！

看，大自然的魔法师都在做什么！

在《我心灵的故事》一书中，杰弗里斯把对大自然的体验化作笔尖下流淌的欢乐话语："我能感受到大地在对我说话，我对所有事物都很敏感——从最小的草叶到最大的橡树。万物都像是我的外部神经和血管，在向我传递感觉。纯净而流动的空气，大海和蓝天——每一样都在触动我，与我分享它们自己。"与大自然的接触，能够增强活力，增强敬畏感，增强与万物联结的感觉，并提醒我们生命中一些更重要的事情。

• 自然让孩子身体更健康

经常在自然界中摸爬滚打的孩子身体会更健康，因为太阳中的紫外线有杀菌作用，可以预防很多疾病，新鲜的空气能提高内脏器官功能，减少呼吸道疾病，增强肌体适应外界环境的能力，而且自然中的玩耍需要在远近之间切换视线，这也大大降低了儿童近视的概率。

夏天我们让孩子带着放大镜趴在地上探索，观察昆虫。研究表明，经常这样玩泥巴、研究花鸟鱼虫的孩子更不容易得过敏性疾病，因为土壤中有一些微生物，会帮助孩子减少过敏或患上自身免疫性疾病的概率。大自然可以说是强健孩子体魄的天然操场，大自然赋予了孩子健康成长的营养品。

所以，让孩子走进大自然，把自己弄得脏兮兮吧！让孩子在与大自然充分接触的过程中吸收这种天然的营养，激发孩子们自身天然的生命能量。当然我也特别希望作为大人的你，一起走进大自然，加入自然游戏当中，这也是让你身体更健康的重要方式之一。

• 自然让孩子情感丰富，改善情绪，心理更健康

自然环境会促进大脑的某些发育变化，特别是在儿童时期，而当我们远离自然时，这些变化可能不会发生。巴塞罗那全球健康研究所的科学家利用在欧洲四个城市收集的 3585 人的数据，报告了人远离自然界的成长与成年后的心理健康之间的密切关系。总的来说，他们发现童年时期接触自然机会的多寡与成年后的情绪状态之间有很强的相关性。人在感受美好和快乐的时候，大脑的某个区域会特别活跃，当大脑的这个部位的活动频率降低，就容易引发抑郁症。

让儿童融入大自然的环境中，不仅仅是为了改善情绪。我们大多数人都有这些经历：嗅到野花的香气、碰到一条毛毛虫、在漆黑的夜空看到一轮弯弯的月亮……这些真实体验和虚拟体验有着完全不同的感觉，因为对世界的深刻理解必须通过我们的眼睛、鼻子、耳朵来加以吸收，这会深深激发我们的情感，让我们对世界、对生活、对身边的事物更加有感知力。

• **自然让儿童认知有更好的发展**

为什么自然让儿童认知有更好的发展？我们先来看看儿童是以什么方式来认知的。大脑分很多区域，大脑的任何一部分发生变化，儿童在某方面的技能都会有所进步。科学发现，我们的大脑有这么多的区域，但是在出生的时候，只有一个区域是完善的，是哪个部分呢？是感觉运动皮层。因此，儿童在小的时候，完全是靠感觉来学习的。如何学习？感觉靠我们的视觉、听觉、味觉、触觉、嗅觉这五种感觉器官来学习。儿童必须通过感觉，通过活动来发展。在孩子12岁以前，最起码在幼儿园阶段和小学阶段，父母要做到通过大量的感觉来帮孩子完成认知，越是用到实物让他去感觉体验，他的认知就越趋于完善。

我打一个比方：一个孩子爸爸带着孩子去摸小狗、抱小狗、跟小狗玩；另一个孩子的妈妈说："太脏了！被咬就麻烦了！我给你看小狗的图片，讲小狗的故事，看小狗的视频。"然后这两个孩子上学了，老师问，小狗是什么样子的？哪个孩子反应会更快？回答会更自信？如果写一篇关于小狗的作文，你觉得谁写起来更容易？

所以我们在培养孩子的时候，要让他在成长过程中体验各种各样的感觉，这个过程任何人都不能替代，也没有办法通过语言教导让孩子完成，只能孩子自己切身体验。孩子小的时候，要带着孩子多接触大自然，因为仅仅在房间里带着孩子去感觉是远远不够的，远没有大自然带给孩子的感觉丰富。

到大自然中玩的目的，不仅仅是玩一个游戏，更是让他们在大脑皮层储存大量的生活信息和感觉，这也是为他们未来的生活、学习奠定一生的基础。

· 让孩子更有想象力、创造力

作为爸爸妈妈，面对孩子的培养，会有各种各样的选择，没有对和错之分。但面对未来科技的发达、人工智能的发展，我们人类的发展方向又在哪里呢？我想或许创造力、想象力还有对事物的感知力，决定着我们的未来。人类的创造力和想象力从出生就有，而我们爸爸妈妈能做的就是不要去破坏，创造更多与孩子乐享大自然的机会，让他们充分发挥创造力和想象力，保持一颗童心。

我们带孩子玩自然游戏的过程中，带孩子到河边石堆旁，你很快会发现，他们的玩法简直无穷无尽。他们会将石头滚动当球踢、会搭高、会清洗、会藏匿……他们会把大石头扔到水里，他们会在上面画各种各样的画作，涂上颜料制作成各种各样的艺术品。这些石头远比洋娃娃和玩具汽车更能激发他们，更能激发充满丰富想象力的玩耍方式。

我们不建议为孩子买一些带有电子产品性质的玩具，这会使孩子将关注点过多地放在电子游戏产品的使用上。在大自然中，我们可以发现、创造并玩出富

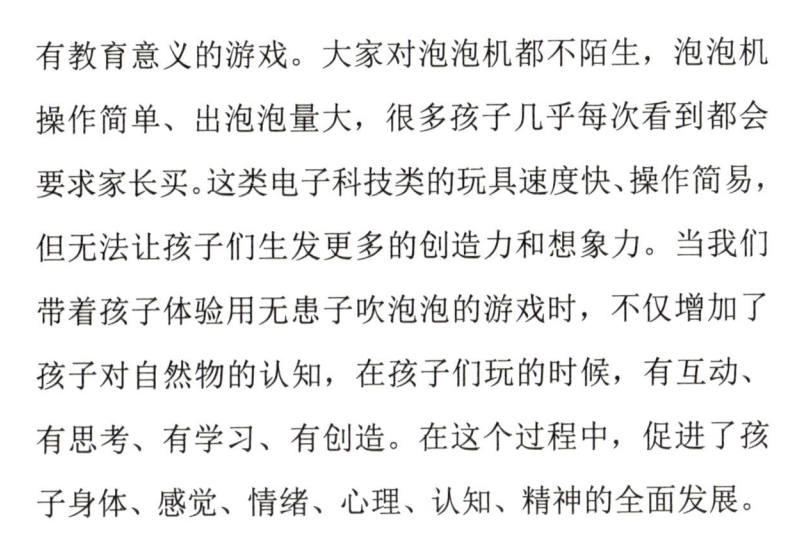

有教育意义的游戏。大家对泡泡机都不陌生，泡泡机操作简单、出泡泡量大，很多孩子几乎每次看到都会要求家长买。这类电子科技类的玩具速度快、操作简易，但无法让孩子们生发更多的创造力和想象力。当我们带着孩子体验用无患子吹泡泡的游戏时，不仅增加了孩子对自然物的认知，在孩子们玩的时候，有互动、有思考、有学习、有创造。在这个过程中，促进了孩子身体、感觉、情绪、心理、认知、精神的全面发展。

·大自然让孩子养成美感观念

在纪录片《他乡童年》中,芬兰的老师们经常带孩子们去森林中,寻找颜色,寻找物品,甚至寻找气味。通过寻找类游戏,可以无限丰富孩子的认知,原来,大自然有绿色、黄色、红色、黑色……树林里不仅有树,还有花有鸟,有不能吃的蘑菇……原来,树林有自己的气味,不是简单的青草的气息,还有花香、草木香和动物粪便等味道。

观察自然是一场感官的盛宴,鼻子嗅到花香,眼睛看得见枫红、耳朵听到虫鸣鸟叫,都是生命奇迹的展现。长期下来会潜移默化地让孩子感受到世界的美好,帮助孩子形成美感的概念和敏锐度,即便是从地上拾起两片落叶,都能看见叶脉密布有不同的美,帮助孩子从细微之处观察自然的美感,这样的孩子你完全不用担心他会缺乏审美。

• 大自然是天然的感统训练宝库

在《完整的成长》一书中,孙瑞雪说道,身体不是我们的全部,它只是我们的一部分,是我们结构中的一个,这一部分是唯一以物质形态出现的。作为人,我们是一个完整的系统(包括身体、情绪、感觉、心理、认知、精神),或者说,我们是一个完整的结构,缺少任何一样,都是不完整的。我们渴望通过大自然这个最合适的感觉统合训练场完成自我成长,并帮助孩子发展自我,陪伴孩子一同成长。

感统训练主要针对孩子的前庭觉、本体觉和触觉,在大自然中,孩子可以通过越过各种地形进行前庭觉的训练,可以通过攀爬、跳跃等动作锻炼本体觉,触觉就更不用说了,粗糙的树皮、光滑的草地等,都是触觉训练的好材料。大自然中的天然的感统训练,孩子可是怎么玩都玩不厌呀,常在自然中玩耍,感统失调的症状就自然消失。

• 大自然中没有手机

要让孩子远离手机其实很简单，就是感受现实生活的丰富多彩和乐趣，享受现实中人际交往的快乐。孩子们在大自然中可以收获的乐趣太多了，根本不需要我们引导他们不玩手机。

我们在带孩子到自然中玩耍的过程中，发现孩子们在自然中根本不会无聊，这个环境只会催生创造力，这和在室内完全不一样。在室内孩子感觉无聊后，就会去追求被动刺激，如电子产品、快餐文化等，如果玩这些也觉得无聊了，就会追求更快、更大、更暴力的被动刺激。在大自然中，天空的云每时每刻都不同，花鸟鱼虫无时无刻不在变化、游动，万物都是神奇的、变化的。不是自然中没有手机，而是孩子在自然中能发现更多的乐趣，自然更容易放下手机。

- **自然会让孩子的观察力更敏锐**

书中有孩子们常玩的寻宝游戏，或者是画树叶、画石头的游戏。这些自然游戏能带着孩子们去观察不同的树叶，不同的花朵，不同的树木，孩子在分辨的过程中，观察力不知不觉提高了。书中还有"寻找我的树"的游戏，闭上眼睛，打开我们的触觉、嗅觉、听觉、味觉，感官越是打开，观察力就会越敏锐，而观察力是判断力、理解力、学习力的基础，观察力也是孩子认识和理解周围世界、建构自我世界的重要能力。

大自然的启示

在每一次的自然活动筹备中,我们会通过多次线上、线下会议去设计各种自然游戏,探讨每一个自然游戏的目的和意义——孩子能够收获什么?孩子们对这个游戏是否感兴趣?活动进展过程中会有怎样的状况发生,要如何应对?如何带动孩子的积极性?……

来参加我们自然活动的孩子在5岁至15岁之间,他们处于不同的年龄阶段,有着不同的思想层级,需要我们从各个角度、各个维度去思考。作为自然导师,我们深知与大自然联结对生命成长的重要性,我们想要给孩子们传达的理念,对他们未来的影响是巨大的。

所以，我们特别珍惜每一次活动的机会。

在一次带领孩子参与自然观察的活动中，我们邀请孩子们找到一棵自己喜欢的树，利用五感来观察这棵树，通过画或写的方式呈现在小豆本中。我们发现低龄段的孩子会更愿意听我们的指令，积极配合老师。但年龄稍大一点的孩子的积极性是比较难调动的，他们会觉得这个活动很没意思、没乐趣。于是我给大家讲了鲁班发明锯的故事。听完故事后孩子们的眼睛里都闪着光，他们发现原来观察大自然绝对是一件有意义的事，于是很快地投入到观察大树的活动中，而且这一次的观察孩子们全情投入、无比专注。

相传有一年，鲁班接受了一项建筑一座巨大宫殿的任务。这座宫殿需要用到很多木料，鲁班就让徒弟们上山砍伐树木。由于当时还没有锯子，他的徒弟们只好用斧头砍伐，但这样做效率非常低。工匠们每天起早贪黑拼命去干，累得精疲力尽，也砍伐不了多少树木，远远不能满足工程的需要，使工程进度一拖再拖。眼看着工程期限越来越近，这可急坏了鲁班。为此，他决定亲自上山察看砍伐树木的情况。上山的时候，他无意中抓了一把山上长的一种野草，却一下子将手划破了。鲁班很好奇，一根小草为什么这样锋利？于是他摘下了一片叶子细心观察，发现叶子两边长着许多小细齿，用手轻轻一摸，发现这些小细齿非常锋利。他明白了，他的手就是被这些小细齿划破的。后来，鲁班又看到一只大蝗虫在一株草上啃食叶子，它的两颗大板牙非常锋利，一开一合，很快就吃下一大片叶子。这同样引起了鲁班的好奇心。他抓住一只蝗虫，仔细观察蝗虫牙齿的结构，发现蝗虫的两颗大板牙上同样排列着许多小细齿，蝗虫正是靠这些小细齿来咬断草叶的。这两件事给鲁班留下了极其深刻的印象，也使他受到很大的启发，陷入了深深的思考。

　　他想，如果把砍伐木头的工具做成锯齿状，不是同样会很锋利吗？砍伐树木也就容易多了。于是他就用大毛竹做成一条带有许多小锯齿的竹片，然后在小树上做试验，效果果然不错，几下子就把树皮划破了，再用力拉几下，小树干就被划出一道深沟，鲁班非常高兴。但是由于竹片比较软，强度比较差，不能长久使用，拉了一会儿，小锯齿有的断了，有的变钝了，需要更换竹片。这样就影响了砍伐树木的速度，使用太多竹片也是很大的浪费。看来竹片不宜作为制作锯齿的材料，应该寻找一种强度、硬度都比较大的材料来代替它。这时鲁班想到了铁片。于是他们立即下山，请铁匠们帮忙制作带有小锯齿的铁片，然后到山上继续实践。鲁班和徒弟各拉一端，在一棵树上拉了起来，只见他俩一来一往，不一会儿就把树锯断了，又快又省力。锯就这样诞生了。

活动结束后围成一圈分享时，每一个孩子都沉浸在观察后得到许许多多新发现的成就感中，两眼闪闪发光。

孩子们发现有些树冠是爱心形的，有的树干像五根手指；发现了树皮和树叶的香味；在树上发现了木耳和迷你小菌菇，只有五毫米大小；发现了一些虫子在树皮上留下的茧壳；还有一位小朋友发现了靠近马路那边的树枝都会更茂盛，等等。这些在观察活动中的新发现、新体验，让孩子们无比欣喜，收获满满的成就感。

在一些静态的自然活动中，我们可以加入一些有关自然的小故事，激发孩子们对大自然的好奇心，有助于孩子们建立对大自然的亲密感和敬畏感。下面的一些小启示，也许可以帮助您激发孩子对大自然的好奇心和探索欲。

大自然给我们的启示还有很多，等着我们一起去发现。只要用心体会，就能让我们对生命有更深一层的体悟，也希望更多的爸爸妈妈带着孩子走进大自然，在游戏中陶冶心灵，收获智慧。

鱼儿与船

鱼儿在水中有自由来去的本领，人们就模仿鱼类的形体造船，以木桨仿鳍。相传早在大禹时期，我国古代劳动人民观察到鱼在水中通过摇摆尾巴来游动、转弯，他们就在船尾架置木桨。通过反复的观察、模仿和实践，逐渐改成橹和舵，增强了船的动力，掌握了使船在水中行进、转弯的技巧。这样，即使在波涛滚滚的江河中，人们也能让船只航行自如。

蜻蜓与飞行器

蜻蜓通过翅膀振动可产生不同于周围大气的局部不稳定气流,并利用气流产生的涡流来使自己上升。蜻蜓能在很小的推力下翱翔,不但可向前飞行,还能向后和左右两侧飞行,其向前飞行速度可达每小时 72 千米。此外,蜻蜓的飞行行为简单,仅靠两对翅膀不停地拍打。科学家在此结构的基础上优化了飞行器的高速巡航等性能。

企鹅与汽车

在企鹅的启示下,人们设计了一种新型汽车——"企鹅牌极地越野汽车"。这种汽车用宽阔的底部贴在雪面上,用轮勺推动前进,这样不仅解决了极地运输问题,而且也可以在泥泞地带行驶。

苍蝇与照相机

苍蝇的眼睛是一种"复眼",由3000多只小眼组成,人们模仿它制成了"蝇眼透镜"。"蝇眼透镜"是用几百或者几千块小透镜整齐排列组合而成的,用它作镜头可以制成"蝇眼照相机",一次就能照出千百张相同的相片。这种照相机已经用于印刷制版和大量复制电子计算机的微小电路,大大提高了工效和质量。"蝇眼透镜"是一种新型光学元件。

鸟类与直升机

鸟类的翅膀具有许多特殊功能和结构，使它们不仅善于飞行，还会表演许多"特技"，这些"特技"还是目前人类的技术难以达到的。小小的蜂鸟是鸟中的"直升机"，它既可以垂直起落，又可以倒退着飞。在吮吸花蜜时，它不像蜜蜂那样停落在花上，而是悬停于空中。这是多么巧妙的飞行啊！蜂鸟的飞行特性已经被广泛运用在直升机的设计与生产之中。

3

四季游戏奇遇记

春

- 接雨水
- 自然花园坛城
- 竹叶小船
- ★ 春天的乐章——吹柳哨
- 自然珠宝

自然珠宝

春天是个美丽的季节，姹紫嫣红，花红柳绿，梅花、樱花、桃花、红叶李、海棠花次第开放，有花开就有花谢，在万物生发的同时也经常看到很多凋零的花朵，看到落花感觉美丽的同时也有些许伤感，将它们做成花环、手链，变成自然送给我们的首饰，伤感是不是瞬间少了许多？

游戏物料

花朵　　树叶　　双面胶　　针线

游戏流程

带着孩子在公园或者家附近的绿化带捡拾掉落的花瓣,还可以寻找藏在灌木丛里的小果子和落叶。带孩子一起捡拾落花,仔细观察花瓣的颜色、形状,闻一闻不同的香味,数一数花瓣的数量,用双面胶绕手臂或脖颈一周,量取合适的长度后裁剪,把喜欢的植物粘贴到双面胶上,或者用针线串联起来,做成独一无二的首饰。

游戏与成长

在捡拾花瓣的过程中,孩子经过仔细地观察,会思考什么样的花适合搭配在一起,要如何串联。利用花与五感联结,孩子的反应会让我们意想不到。你会发现曾经对植物不感兴趣的孩子,在之后每一次遇到不同花朵时,都会为它停留,仔细观察,自动调用五感来认识花朵,并且拥有强烈的表达欲,渴望将他的新发现分享给身边的人。与此同时,通过自我观察、自我发现花的不同,孩子们对自然、对生命的敬畏感也会逐渐增强。

游戏照片

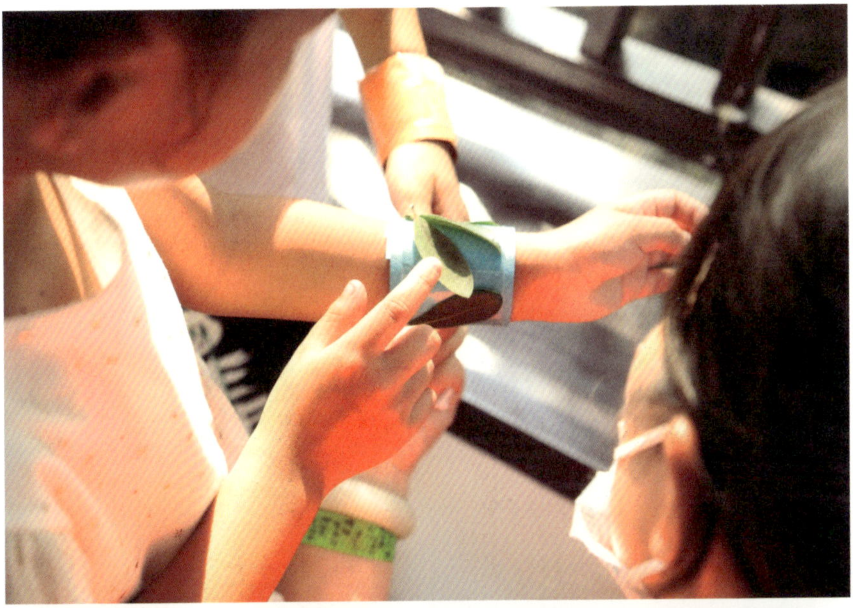

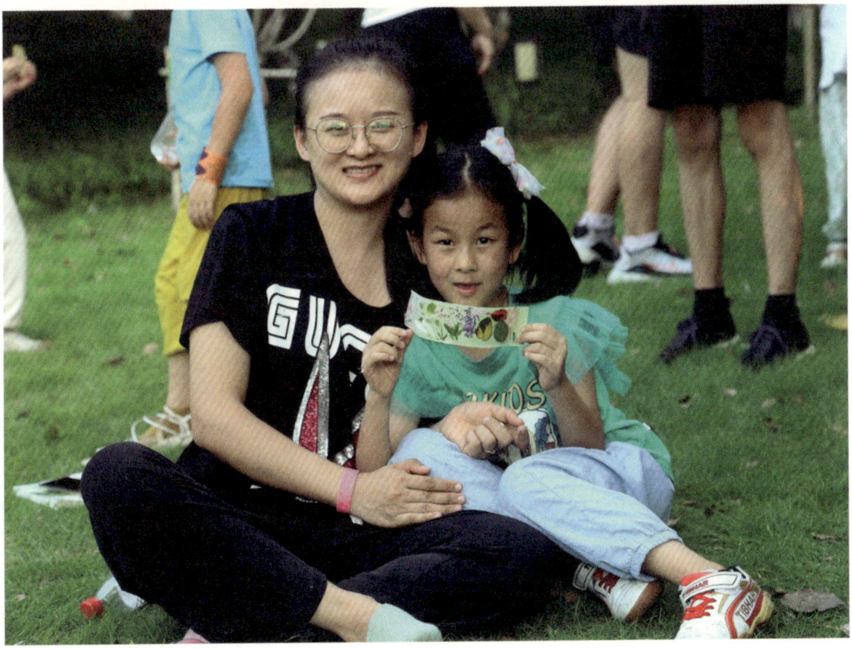

春天的乐章——吹柳哨

如何引领孩子走向知识，而非向孩子灌输知识？这或许是教育最大的难题。但是在大自然中，这个难题就自然而然能解决。吹柳哨就是这样一个沉淀了千百年的自然游戏。和孩子们在柳树下，用柳哨与鸟儿逗趣，一同念出"碧玉妆成一树高，万条垂下绿丝绦。不知细叶谁裁出，二月春风似剪刀"。别有一番意境。

游戏物料

垂柳柳条　　水性笔　　剪刀　　小刀

游戏流程

在柳树中选取直径和长度适宜的柳条，用携带的水性笔作为参照，柳条的直径最细不宜细过笔芯，与笔杆的直径相近最为合适。剥除叶子，用剪刀修剪管状的皮，长度约手指 2 个指节。用右手的食指和拇指拧柳条，左手在右手下方捏紧柳条，然后逐渐向下移动并拧柳条使皮松动。

让树皮与木质部分分离，从粗的一端抽出柳骨部分。用刀将其表面光滑的蜡质部分刮掉约 3—5 毫米，形成一个簧片结构，将柳哨放入口腔 1 厘米左右，调整气息吹响柳哨。

游戏与成长

在这个游戏中孩子会感知到柳枝的柔韧性，明白用什么样的技巧才不会把柳树皮弄破，会发现柳枝粗细、长短与柳哨声响之间的关联，还能品尝到柳树皮与柳骨的味道。每一个步骤，都是一种感觉的收集，贯穿了视觉、触觉、听觉、味觉、嗅觉的感官系统体验，每一步都是一个小小的挑战，然后是相继而来的成就感，深刻而完美。

在一起做柳哨、吹柳哨的过程中会激发孩子的好奇心，他们开始变成拥有"十万个为什么"的小孩。为什么柳哨能响？还有什么能吹响的吗？是不是只要

管状的物体都可以试着吹响它？为什么不同柳哨吹出来的声音会不一样？为什么春天的柳树皮可以拧下来，其他季节可不可以呢？当孩子开始问为什么，那就是在主动认知，此时就给了我们一个绝佳的机会，去帮助他们进行新知识的内化，将零散的知识串联起来，形成一个有机的知识链条，孩子的思维逻辑能力和表达能力也会随之成型，这就是知识最好的来路和归途。

游戏照片

竹叶小船

竹子有着顽强的生命力，不管在哪里都能顽强地生存，荒山野岭也好，房前屋后也罢，都挡不住竹子的生长。竹子的用途也特别多，可以用来做笔筒、竹伞骨、竹椅、竹床、筷子、各种工艺品，还可以用来做水枪。竹子的用途和玩法很多，但是竹叶可以用来做些什么呢？用它做出无数只大小不同的小船，一起组个舰队可好？

游戏物料

竹叶

游戏流程

在竹林里选取长一点的竹叶,将竹叶从两端向中间折一根手指的宽度,将折叠部分撕开,分成两边窄、中间宽的三份,把左边部分的竹叶塞进右边的缝隙中,另一端同样操作,可爱的竹叶小船就做好了。

游戏与成长

这种随处可见的小竹叶,平常我们可能连为它停下脚步的可能性都很小。如同我们时常对随处可见的事物"视而不见",比如身边的人、孩子的优点、他人对你的付出,长此以往容易丧失好奇心和感恩之心。当我们重新与之联结上,建立越来越多的好感,于是,每每看见它就忍不住要停下来，折一只竹叶小船，来愉悦自己，分享喜悦的心情。

当我将第一只竹叶小船做好并展示给孩子们时，他们立马就来了兴致，特别积极地跟我学如何制作。不同的孩子，在操作这些精细动作时，会呈现不一样的状态，也可以从游戏中窥见孩子在幼儿期，爸爸妈妈养育孩子方式的优点和缺点。面对不擅长做精细动作的同学，我们需要有更多的耐心和给予更多的肯定，否则他们很容易产生挫败感，对自己失去信心。孩子们沉浸式地动手制作，一番创作后，一只又一只小船，组成了一个舰队，寻找合适的水流试航，当小船成功在水流上漂浮前行时，他们就已然成为自己心中无所不能的舰长。在这个自然游戏中，孩子们会主动寻找规律，总结并分享自己的经验，会在游戏中提升成就感和价值感。孩子的自信源于每一次"做到"，游戏中的"做到"是快乐的"做到"，这样的快乐慢慢累积，孩子会轻松成为一个自信的人。

游戏照片

自然花园坛城

此游戏创意来源于曼陀罗,如果大家仔细观察古建筑或古寺庙里的图案,就会发现很多"曼陀罗"图案。曼陀罗的能量,来自"圆",即圆满而无所欠缺的自然力。透过精密的图腾、坛场能量、几何中的结构奥秘,再利用色彩的力量联结内在的圆满能量,共同创造强有力的能量圈,将其引导至生命的本体。春去秋来,周而复始。自然是一个美丽的大花园,让我们利用自然中的花花草草一起拼拼摆摆,创造属于我们的乐园。

游戏物料

各类植物　　水性笔　　石头　　袋子　　白纸

游戏流程

带孩子们观察建筑中隐藏的曼陀罗图案,发现曼陀罗图腾的特征,在白纸上设计出独一无二的曼陀罗图腾。尽可能多地采集喜欢的落叶、花朵、果实、树枝、石头等,并用袋子分类装好,找一片空地。利用自然中的落叶、落花、果实、树枝、石头等摆成自己想要的曼陀罗图案。

游戏与成长

一年四季都有落花、落叶、果实和各种不同的石头,不同的颜色搭配出不一样的美丽花园。同样的元素,不一样的排列,呈现的图案就会不同。它和画画不太一样，不需要任何技法，但在游戏的过程中，可提升孩子们的美感、创造力、鉴赏能力，也能提升孩子们团结协助、寻找规律和设计图形的能力。

　　每个人都是独一无二的。在完成作品时，可以让孩子们发现，自己（人）也是大自然中的一员，也可以成为作品的其中一个元素。几个孩子为一组，各自发挥自己的优势，有的善于发现和寻找资源，有的善于领导和分配任务，有的善于配合，有的善于创造、提出建议，这些都能让参与者更加愿意去行动，并不断赞赏自己、欣赏他人，生发无限创作灵感，产生更多美好的能量。

游戏照片

接雨水

雨水是孩子喜爱的、天然的游戏材料。我常在雨天看到,大人打着雨伞,伞下的孩子不去躲雨,总是时不时伸出小手去接雨水,还会情不自禁地踩踩地上的积水。经常听到有父母说,下雨天就不出门了,但是你可知道,在雨天里一个简单的接雨水,就能让孩子们投入其中,乐此不疲。

游戏物料

量筒　　量杯　　罐子　　杯子

游戏流程

在春夏时节的雨季，和孩子一起去户外观察雨滴，观察它们在雨伞、屋檐、地面流动的方式有什么不同，并用容器在雨水未落地之前将其收集起来。在观察的过程中，家长可以引导孩子想办法用叶子等自然物品搭建一个有高低差的斜面，使雨水可以直接流进容器中。

游戏与成长

记得我小的时候，在屋檐下摊开手掌接雨水，找不同的树叶、瓦片等各种可以接雨水的容器，我想作为大人的我们应该都体验过这样的乐趣。因为人来自于自然，或许对自然中的许多事物本来就有着天然的兴趣。接雨水让孩子亲近雨水、感受雨水、了解雨水，也让孩子知道雨天是生活的一部分，雨天也有雨天的美好。无论天晴还是下雨，世界都是充满乐趣的。只要是儿童专注和快乐的时刻，就是他们快速成长的时刻。能让孩子专注并且快乐的游戏，哪怕再简单都是值得的，你会被他们呈现出来的生命能量所感动。

游戏照片

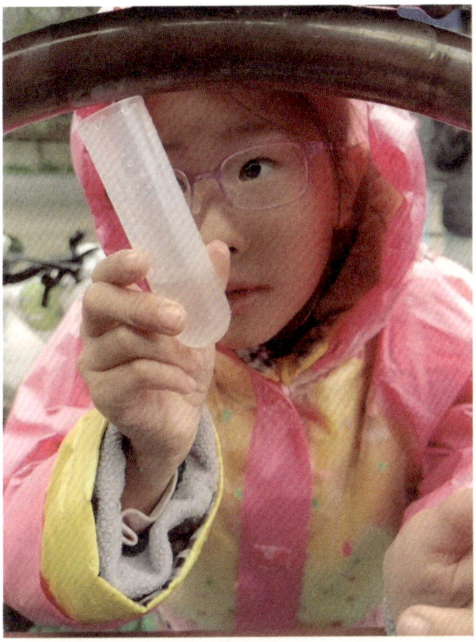

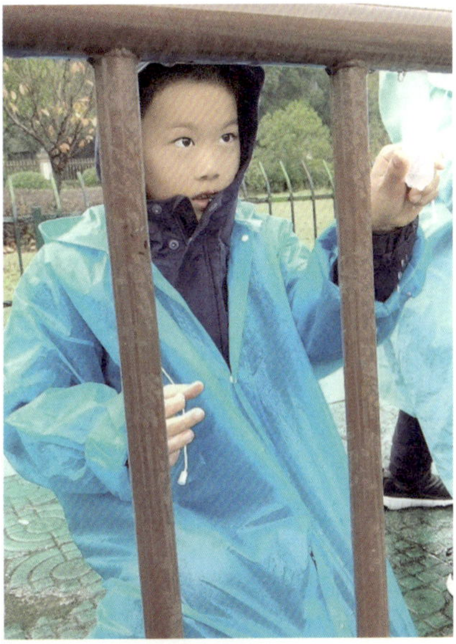

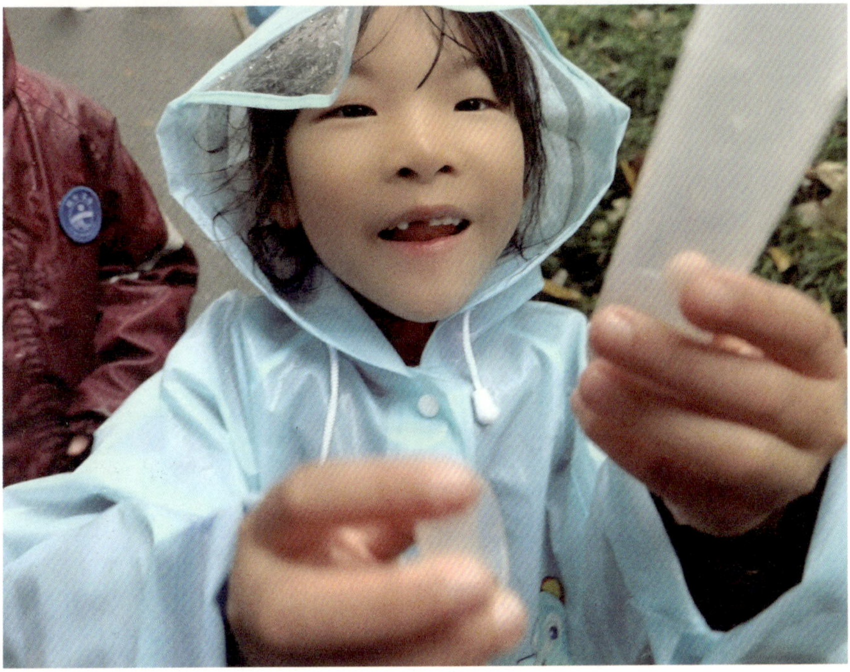

夏

- ★ 好玩的枫杨
- ❀ 自然水渠
- ❀ 石头画
- ★ 狗尾草的世界
- ❀ 云中漫步

云中漫步

我们通过眼睛来辨别所看到的事物，物体是正还是反，我们一看就知道。这次让我们换一种方式来看世界，看一看有什么不同？我们的内心会产生什么不一样的感受？

游戏物料

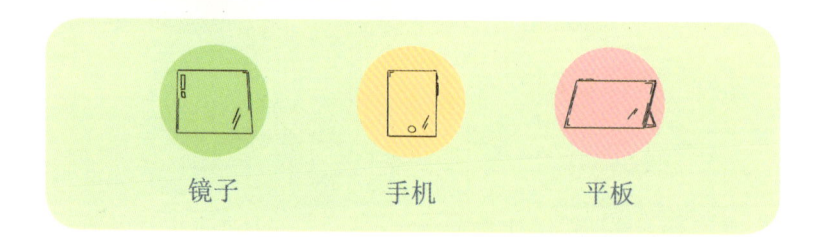

镜子　　手机　　平板

游戏流程

找一片树木茂密的林荫大道（需要注意的是一定要找一段比较平整的路面），高大的树木，可以让镜子里的世界更丰富，视觉效果会更震撼。每人拿一面镜子，将镜子（或用手机屏幕当镜子）的正面朝上，水平放在鼻尖上。从起点慢慢走向终点。过程中，全程保持安静，互相之间不交流，走完整段路之后，再进行交流，分享彼此的感受。

游戏与成长

在游戏进行的过程中，我们时不时听到孩子们新奇又惊喜的尖叫声，因为镜子放在孩子的眼前，脚底下的路是看不到的。我们在结束游戏之后的分享环节里听到了很多声音，有的孩子兴奋又生动地描述着平时难以发觉的细节：树枝上鸟儿筑起的巢，藏在树叶里的小果实；有的孩子延伸出了有趣的想象，觉得自己是一只在树枝间自由蹦跳的小松鼠。而有的内心敏感的小孩分享说刚开始时走得有点害怕，腿都在抖了，尤其是在树很多的地方，突然看到一片云，就像掉进了云里一样。因为不能彼此交流，于是试着自我调整，克服恐惧，继续往前走。当从终点折返回到起点的时候便不再害怕，甚至开始享受这个游戏，顽皮地从一棵树跳到另外一棵树，还创造了更多不同的玩法。

我们意外地发现，这个游戏可以引导孩子了解恐惧只是一种心理感受，而不是现实给的压力，这种恐惧是可以在行动中克服，而非逃避的。就像面对考学、就业等生活中的困难时，也可以通过行动克服恐惧。在"云中漫步"时感到害怕，就有三种以上的解决方式，比如拿掉镜子、说出自己的感受、聆听他人的智慧，其他事情也是一样的。

凡事都有三种以上的解决办法。椰子老师在玩的时候说感觉像在空中花园游览，如果镜子摇晃的幅度大一些，就有在秋千上摇荡的体验，特别刺激。在平时，不论眼睛角度如何变换，事物的变化都不易察觉。而此刻，只要摆动镜子的角度，就会感觉整个天空都倾斜了，这样的体验和感受很特别。在游戏中体验的小细节，往往可以激发我们领悟应对人生难题的大智慧。

游戏照片

狗尾草的世界

最早爱上狗尾草的原因,是儿时用它来逗正在酣睡的爸爸。长大后静静地观察,发现不起眼的它,也有一种特殊的美。狗尾草生命力极强,生长范围广泛,茎秆柔韧,多年野地平凡生,尾巴高翘向雨风,在它们身上能看到的是无限的自由与坚韧。

游戏物料

狗尾草 　　棉线 　　卡纸 　　快递盒

游戏流程

取用不同数量的狗尾草,发挥巧思做成不同造型的装饰品。

玩法一:

取两根穗长一点的狗尾草,用棉线(或绑扎蛋糕袋子的细金属条、韧性较强的草茎)在穗顶部扎紧,将顶部向下弯折并在狗尾草穗底部一起扎紧,一个狗尾草爱心仙女棒就完成了。看到平平无奇的狗尾草变成了爱心,让人不经意间怦然心动。

玩法二:

取两根穗短一点的狗尾草,在中间位置扎紧做成戒托,另取一根狗尾草在前两根的基础上一起做成一个指环。也可以取穗大一点的狗尾草粘贴在卡纸做的皇冠上,有了自然元素的皇冠就有了生命力。狗尾草皇冠也可与狗尾草戒指、魔法棒搭配起来,施展自然魔法。

玩法三:

取九根狗尾草做兔子。用两根等长的狗尾草做兔子耳朵,第三根狗尾草环绕收紧做兔子的脸庞(可视情况增加一根狗尾草),另两根作为兔子的前腿,或并拢或展开,再取两根狗尾草环绕收紧,最后两根作为兔子的后腿,一只狗尾草兔子就完成了。

游戏与成长

你知道吗,看似一无是处的狗尾草,在千百年前却是重要的粮食,拯救了不少饥荒中的先民。它呀,正是我们熟知的小米的祖先。早期的粮食作物很难满足人们的温饱需求，原始的麦、稻的产量，远不及现今的可观，于是食用野草、野菜充饥便成了日常。许多农作物便是在这样的过程中被发现和栽培的。狗尾草虽然不好吃，但能充饥，加上它容易种植，存活率高，于是在不断的人工种植和选育下，渐渐变成了我们熟知的小米的模样。

不起眼的它已经不再是我们的餐中食，但仍然可以成为我们的游戏主角，愉悦我们的心情，滋养我们的心灵。在制作的过程中，孩子们可以用手充分地触摸它，感知它的柔韧度，在失败中汲取经验，在成功中享受喜悦。

这些用狗尾草做成的仙女棒、兔子、皇冠等装饰品是用时间、耐心、创意铸就的无价之宝，总能勾起伙伴们的艳羡目光，并收到许多夸赞。这个把狗尾草转化为"艺术品"的过程，既能锻炼孩子们的动手能力，也能激发起他们的想象力。把脑子里的想象转化为实物的过程并不难，鼓励孩子们充分创造、耐心完成，让他们从小明白先完成再追求完美，让他们在学习与生活中遇到难题时也有解决问题的勇气。

游戏照片

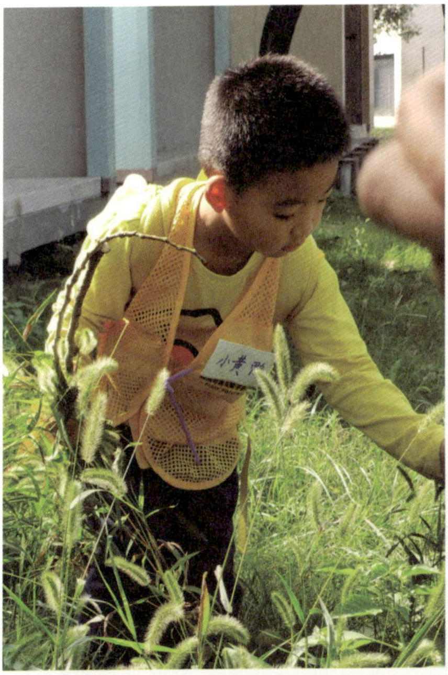

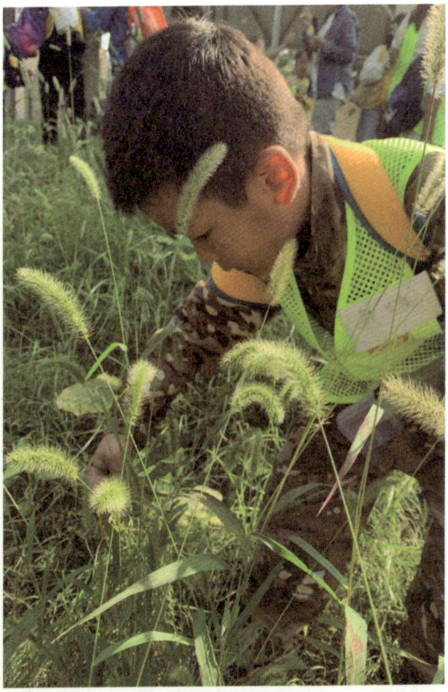

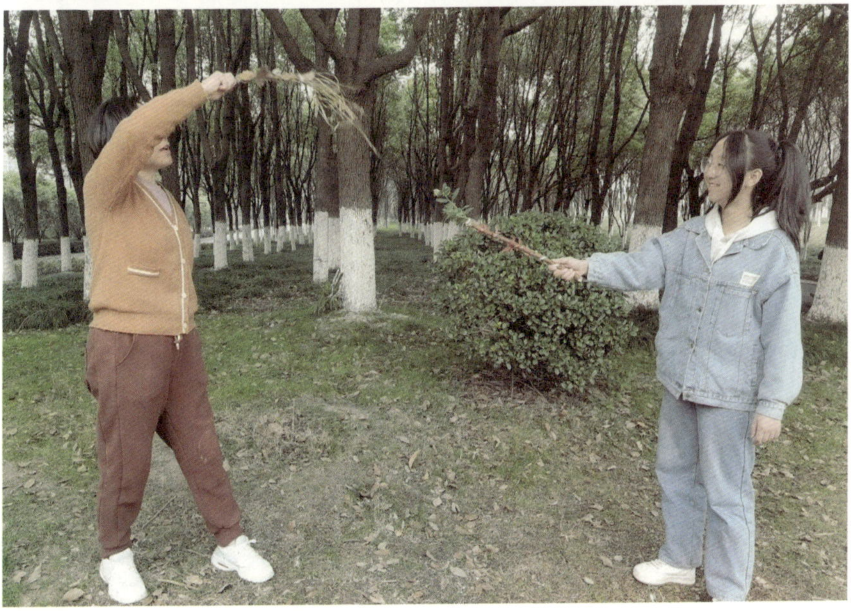

石头画

鹅卵石因为形似鹅卵而得名，形成原因有很多，可能是碎石经过水流冲刷、自然风化、自身的翻滚以及石头之间的相互摩擦等。咱们可以自行选择喜欢的石头作画，石头的不规则形状，也许会给你带来不一样的灵感。

游戏物料

果核　　笔　　石头　　丙烯颜料　　水

游戏流程

选择大小、形状合适的石头,以形状扁圆、比手掌小一点的石头为佳,也可以根据想要画的内容选择合适的石头。在石头上勾勒草稿轮廓。用丙烯颜料上色,完成绘画作品。(也可以用形状大小合适的果核来代替石头。)

游戏与成长

平时孩子们被教导在纸上作画,这个游戏让孩子们用天然的石头作画,这种大自然中随手可得的材料,给作画增加了更多的童真与童趣。在游戏过程中,让孩子选择一颗喜欢的石头。在做出选择的时候,他们就与这块石头有了不一样的联结，再利用五感去引导孩子们与它建立更深的联结。

让孩子闭上眼睛，用手去触摸石头，去描述他们感受到的细节。比如，这块石头的触感是怎样的？是光滑的还是有颗粒触感的？用手抚摸能感受到什么样的纹理？再用我们的鼻子闻一闻味道，是否能够闻到青苔的气息？再睁开眼睛观察这块石头，对比闭上眼睛时感受到的形状，感受一下用心"看"和用眼睛看的不同。找一找石头的独特性，为什么你会选择它呢？深度联结后，再用笔在石头上作画，随心而画，所有的灵感都迸发出来，带着和石头建立起来的情感，作画的心情都不一样了。

通过在石头上作画，可以将自己的思维和情感与大自然结合起来，创造出独特的艺术作品。在石头上作画的意义不仅是展现个人的创造力和想象力，也是一种对自然的赞美和敬畏。

游戏照片

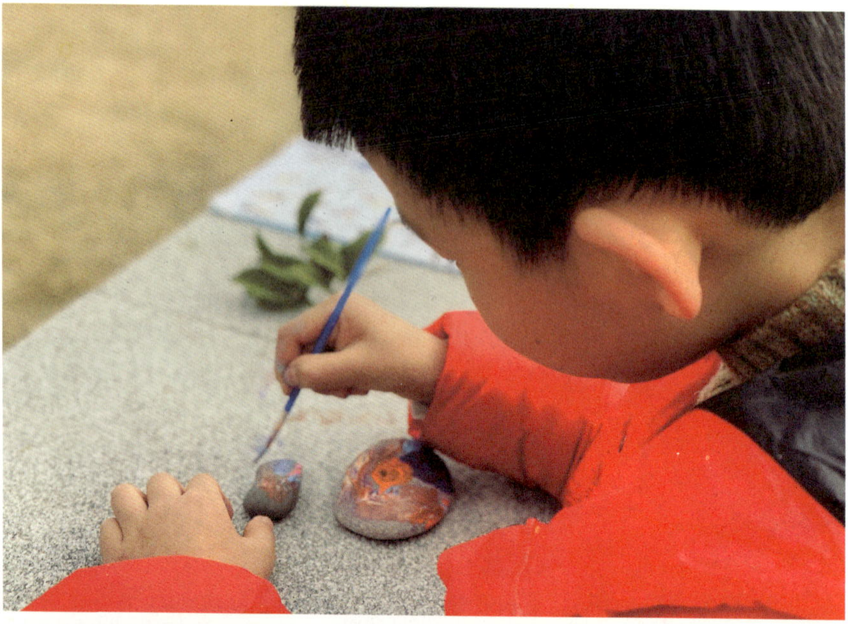

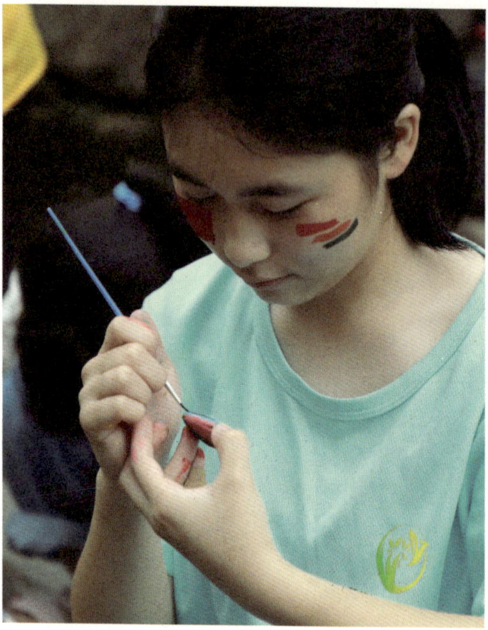

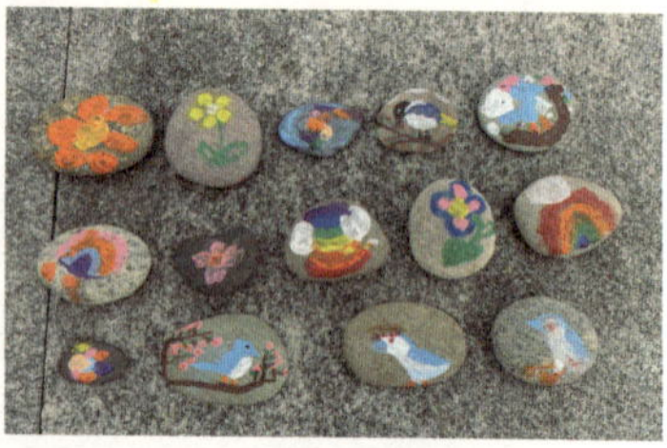

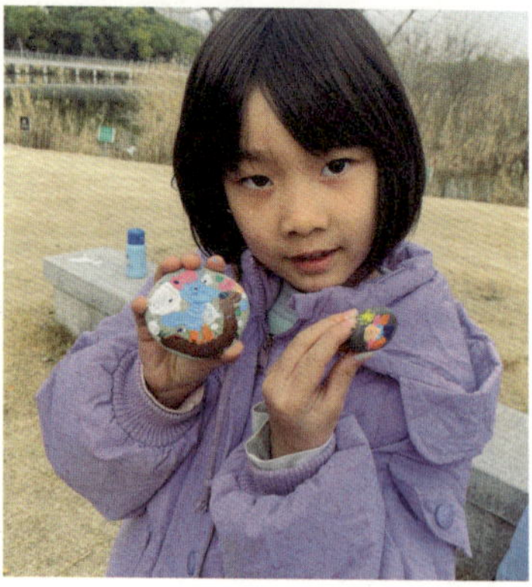

自然水渠

一沙一世界，一水一天地，树枝、树叶与水的组合，就会让孩子们明白：将平常事物换一种方式排列组合，就会有新发现！

游戏物料

树叶　　树枝　　橡皮泥　　水

游戏流程

在绿化带里寻找能够用到的树枝与树叶，树叶尽量厚一些、两侧高一些，有弧度能更好地兜住水。将相同长度的树枝交叉插在土里，一端作为起点，另一端作为终点。起点树枝交叉得高一些，慢慢降低高度至终点，呈一个坡形，方便流水。在搭建好基础形状之后，放一根最长的树枝在分叉的树枝上，用于支撑树叶。将捡摘的树叶在树枝上摆放好，倒入水，看水流是否能顺利通过，水流能通过则自然水渠修建成功。

游戏与成长

老师讲解完目标和步骤以后，孩子们就迫不及待地要去完成自己的自然水渠了，纷纷开始行动。然而这个任务看上去好像很简单，只是让水从做好的水渠中顺利通过，其实要面对许多问题。起初孩子们发现过于紧实的泥土地，很难插入小树枝，或者插入小树枝后要花很长时间来调整。后来发现，在相对湿润、松软的土地插树枝就顺利多了。在搭建过程中叶子放在树枝上，总是往下掉，怎么办呢？孩子们想办法用双面胶和橡皮泥把树叶固定在树枝上。在搭建好雏形之后往水渠倒水，发现会漏水，水无法顺利通过，孩子们发现有的是因为树叶太软太薄，有的是因为坡度不够。在实践中孩子们自动调整，不断完善。

孩子们收集自然中的材料，有计划地合作修建水渠、改造水渠，不断地在操作中发现问题、解决问题，孩子们在多感官、多维度参与的过程中获得了经验的提升。建造一个自然水渠都能发现并解决这么多的问题，未来假如我们要成为真正的建筑师，就是从这一个小小的问题中开始成长的。著名教育家陶行知先生说："教学艺术就是在设法引起学生的兴味，有了兴味就肯用全部的精力去做事情。"而优秀的老师、优秀的父母，就是要做孩子的支持者、合作者、引导者，让孩子在兴趣中去实践、去发展、去激发成就感。

游戏照片

083

好玩的枫杨

枫之绰约,杨之挺拔。枫杨是一种在华北、华中、华东、华南和西南均有分布的胡桃科乔木,该树的果实带"翅膀",似枫而非枫,姿态挺拔,如杨而非杨,故得名枫杨。小时候我家周围有很多枫杨树,小伙伴们拿着带"翅膀"的枫杨果实,有多种的玩法,最好玩的是把枫杨果实粘在皮肤上冒充昆虫,自然掉落的果实粘性会好一点。每每在有枫杨的地方遇到新伙伴都要分享一下这只"昆虫",每次走在枫杨树下,莫名地都会多出许多的快乐。

游戏物料

枫杨果实

游戏流程

完整的枫杨果实很像排列整齐的小馄饨。

首先是捡拾或采摘枫杨果实，比比谁手里的"馄饨"更多，比完后将其一撸到底，就像捏爆塑料充气薄膜上的小球一样解压；也可以将果实稍用力按压在手臂等处的皮肤上，一只"枫杨昆虫"便诞生了；把带"翅膀"的种子蘸口水贴在鼻梁上，行走时保持果实不掉落，看谁坚持得久；秋冬季节，干燥的枫杨果实能够随风旋转飘落，可以抛落果实观察它如何螺旋式飞行。

游戏与成长

第一次认识枫杨的果实是在冬天,它的"翅膀"是枯叶的颜色,乍看之下特别像一只大牛蝇,当时就特别惊讶,大自然里的果实造型怎会如此奇特。在夏天,枫杨树上就会有一串串绿油油的果实,我们将枫杨果实摘下,利用它的粘性,贴在鼻子上、脸蛋上、手臂上,制造昆虫停在身体上的假象。有的孩子将它们有规律地排列在身体皮肤表面,变成一幅美丽的图画;有的孩子还将它们制成了手链和项链;有的孩子将他们制成"昆虫"标本,给它们涂上各种颜色,变成五彩缤纷的艺术品。在玩枫杨果实的过程中,我渐渐发现内心对昆虫的看法也发生了改变。有时候换个视角,人生里的难题就迎刃而解了。

每当看到孩子们的各种创意,我就感慨万千,虽然是我带他们在自然中玩耍,却总能在孩子身上收获很多惊喜。一种随处可见的树就能带孩子一起创造遇见的快乐,就能构建幸福童年的底色。长大后的孩子,或许会像成年后的我一样,只是走在一棵树下,就满是快乐,那是疗愈一生的能量。

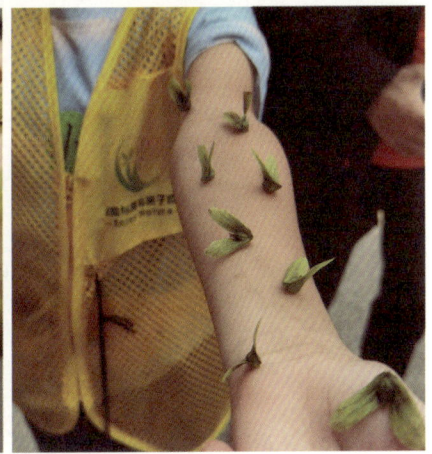

游戏照片

秋

- 秋日寻宝
- 百变无患子——神奇泡泡果
- 滚草坪
- 银杏叶的奇妙世界
- 果实对对碰
- 落叶调色盘
- 王者之梗

王者之梗

这个游戏是我国古代广为流传的"斗草"游戏,也被称为"拔老将"。为了适应现在的孩子们,我给这个游戏取了一个新名字——"王者之梗",赢得最后胜利的就是王者。在我童年的时候,一片落叶地,就会成为孩子们开心的乐园,三个一群,两个一伙,相互比拼,玩得不亦乐乎。得胜了的"老将",就会被孩子们小心翼翼地装在口袋里,像是一件无比珍贵的宝物,别的孩子看到它,眼里都会闪烁着羡慕的光芒。长大后,我有了孩子,看到落叶如雨,金黄的落叶铺满一地,不禁对身旁的孩子说:"你玩过拔老将吗?不如我们来一局?"

游戏物料

叶梗

游戏流程

两人各寻一片杨树叶,把叶片摘除,每人拿一根叶子的梗交叉,呈十字形,然后各自手握叶梗两端,开始拉拔较量,叶柄不断者为王。

游戏与成长

寻找到了中意的叶梗,孩子们就开始"约战"。两个孩子面对面站定,相互把叶梗交叉,两个叶梗就十字交叉在一起,随着一声"拔",大家在一旁起哄大声喊:"加油!"两个孩子就一起使劲儿,有时候"王者"柔韧性极强,还真需要拔上几秒钟,接着,发起挑战的孩子的"王者"突然断了,他大声说:"没啥了不起,等着。"然后将手中断了的叶梗一甩,又开始四处寻找中意的叶梗,等找到了再战。

玩着玩着,孩子们发现这个游戏有很多窍门。首先,寻找合适的叶梗就很有技巧,可不是随便一片叶子就行:太嫩的叶片不行,太湿,一拔就断;太干的也不行,太脆,还没使劲自己就断了。需要找不干不湿的、颜色呈深褐色的、柔韧性好的叶梗,才能显示它的威力。其次是拔之前套对方的叶梗时,要尽量靠近自己叶梗的根部,用叶梗最粗的部分去拔,手要靠近根部,但是还得有抓牢的地方,这样才不会脱手;拔的过程中用力也不一样,慢慢地对拉是比较较劲的,讨巧的是猛地一下,以最快的速度把对方手中的叶梗拔断。

玩着玩着,孩子们的观察力、思维能力、总结能力都在不知不觉地提升。即便是韧性十足的"王者之梗",经历多次挑战后也会变得脆弱,但是失败了也没关系,还可以重头再来,这些都是孩子们通过游戏就会逐渐明白的生活中的道理。

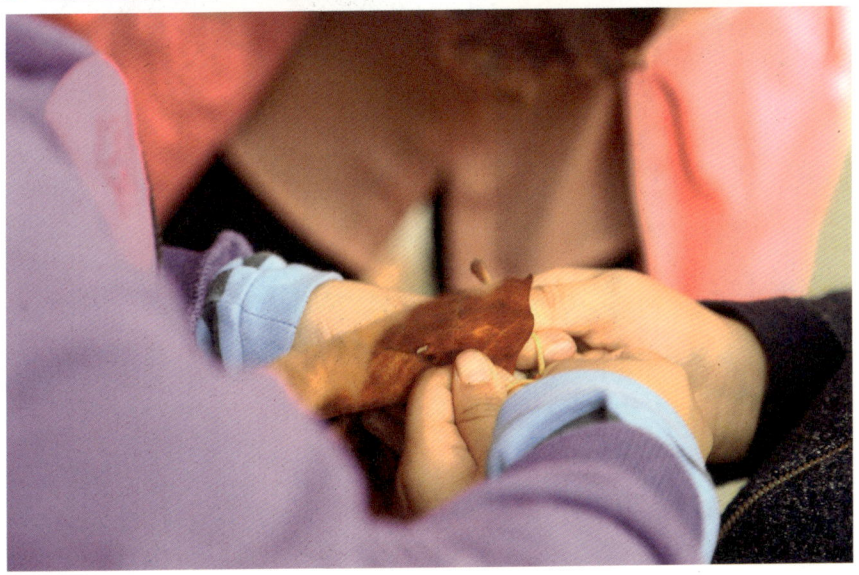

游戏照片

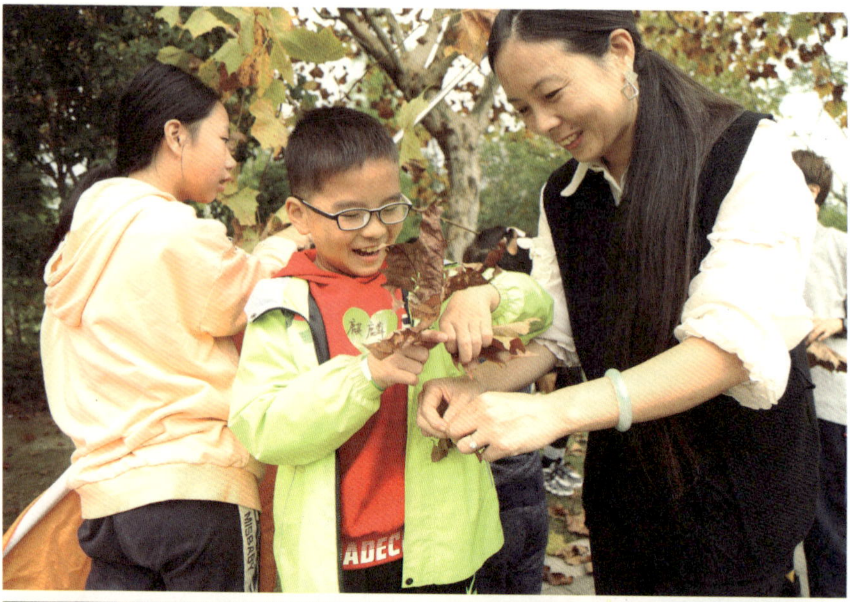

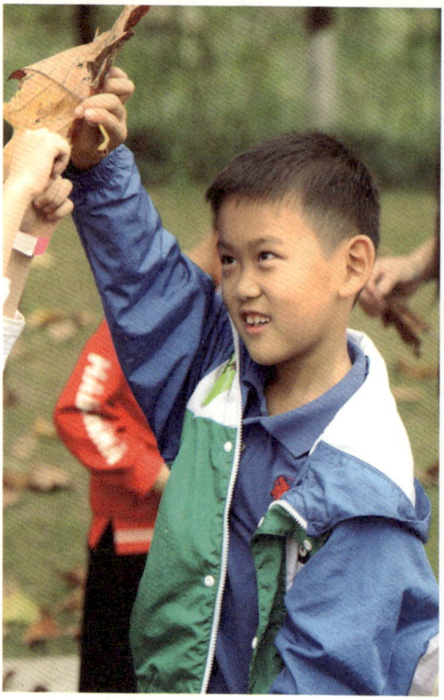

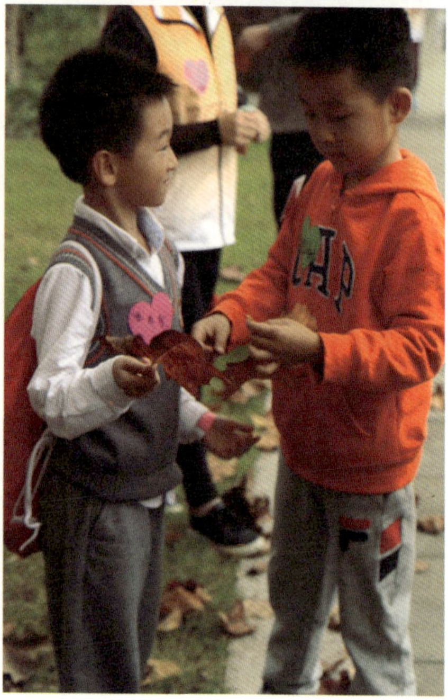

落叶调色盘

孩子上学后我在小区里走了一圈，捡了一堆叶子拼拼摆摆，万万没想到落叶的颜色能那么丰富，同一种树的叶子竟然有这样大的不同，真的太奇妙了！以至于儿子第一眼看到后就问："这些叶子都是来自同一棵树吗？"得知不是来自同一棵树，但是属于同一种植物时他依然很是吃惊。于是我们爱上了收集落叶，摆放出来，就是绝美又独一无二的调色盘。

游戏物料

| 乌桕树叶 | 枫香树叶 | 香樟树叶 | 南天竹 |

游戏流程

在叶子大批掉落时捡一大袋落叶，找合适的场地，如草地、硅胶步道、家里的地板或者纯色的背景布等，将落叶按照形状、颜色等规律排列，最后拼成自己想要的形状，观察它们的颜色变化。

游戏与成长

常常感叹，最美的配色是什么？我相信没有任何东西可以美得过大自然的配色。《林间最后的小孩》中说，孩提时代的天赋就是自然能够培养的创造力。自然给予了我们很多，对于每一个孩子，自然都提供了一个源泉，供他们培养创造性思维。《童年想象力生态学》中讲到，几乎所有人的创造力都根植于他们早年的自然体验。在对这些树叶的收集、选择、拼盘的过程中，孩子们会去发现美、创造美。

在开始之前，我让孩子观摩了我们之前做好的拼图，对孩子们也提了同样的要求。孩子们散开去寻找落叶以后，游戏就开始了。最后游戏出来的结果出人意料，因为他们的作品有太多的新意了，让在场的老师和家长深刻感受到了孩子们在自然游戏里的创造力。

所以，如果你想让孩子有好的艺术修养与审美水平，一定要让他走到大自然中。大自然是万物之源，是创意无限且极有耐心的导师，引导孩子去真实的环境里感受，他们就能够获得更加直观的美学体验。

游戏照片

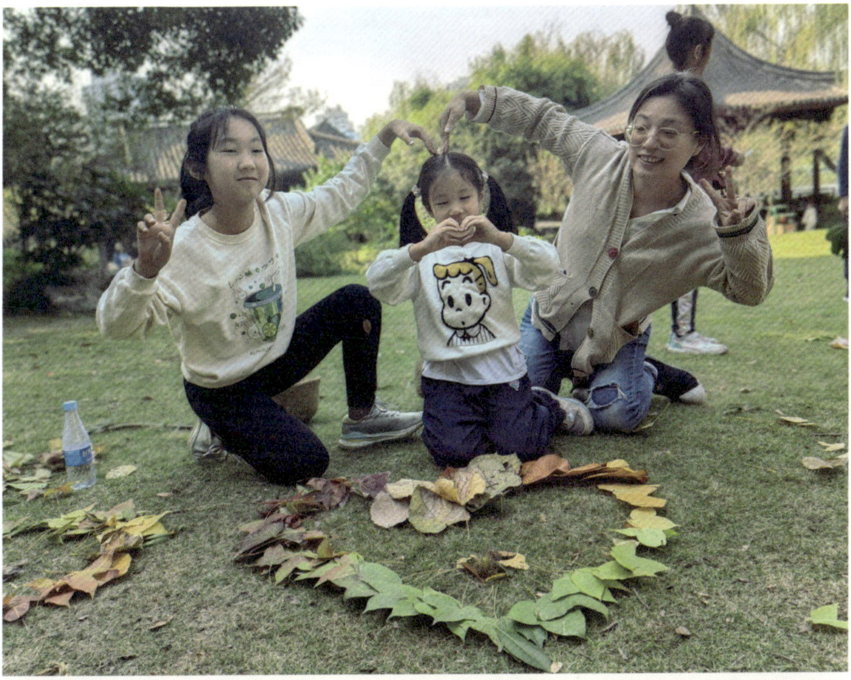

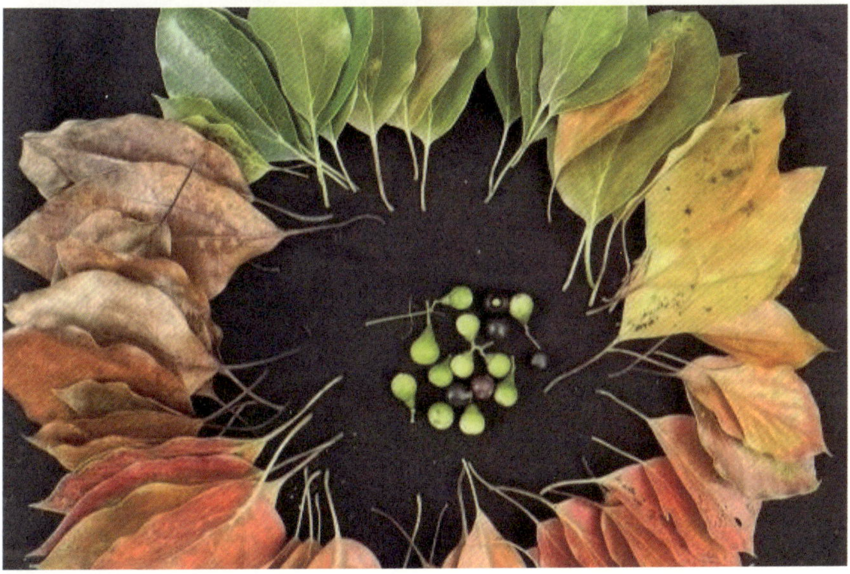

果实对对碰

随着秋天的到来，植物也经历了一场蜕变，终于迎来了结果时刻。每人手里握着一颗小种子，通过触摸找到相同的种子。

游戏物料

若干种子　　果实　　眼罩

游戏流程

准备好参加游戏人数一半数量的种子或果实种类数，每种种子或果实准备两颗（例：总人数为 10 时，准备 5 种各两颗的果实或种子，比如红枣、花生、瓜子、蚕豆等），所有人围成圈，左手握成碗状放在背后。

家长们核对人数和种子数量后，分发种子或果实到每个人的左手里，所有人的种子或果实不能给别人看到，自己也不能看（可以戴上眼罩）。家长们示范背对背触摸果实（因为所有人的果实都放在左手，背对背触摸时刚好都是左手对应右手），所有人找伙伴触摸果实，直到找到相同的果实。

游戏与成长

在发果实前，我们并未告诉孩子们要给他们发什么。当把不同的果实发到孩子们的手上时，孩子们超级兴奋和好奇。拿到果实后，用指尖仔细触摸，调用身体所有的资源来判断手中的果实是什么，是光滑的还是粗糙的？是大的还是小的？是什么形状的？之前见过还是没见过？一大堆的问题都是不确定的，孩子们迫切地想要证实，找到那个手中果实和自己的相同的小伙伴。

通过触觉感知果实的形状、软硬等，对于触感和形状相似的果实，需要更细致地感知和判断。在视觉暂时关闭的情况下，一个一个地去寻找、触摸、判断，互相认定，揭开眼罩证实后，找到相同果实的同伴会会心一笑，似乎建立了某种联结，成就感也满满。当游戏结束后孩子们抢答着果实的名称，当看到不认识的果实时，会主动了解它是什么。孩子有了求知欲，认知教育就变得简单了。学中玩，玩中学，是最轻松有效的学习方式。

游戏照片

银杏叶的奇妙世界

　　每年深秋，银杏叶一黄，便是最灿烂的金色世界。我最喜欢去银杏林看金灿灿的银杏叶漫天飞舞，看银杏叶铺满大地，一片金黄，对银杏叶的喜欢也逐年加深，忍不住想要用各种方法去留住它的美。我带着孩子们一起去感受银杏叶的美，他们捡到的银杏叶都舍不得扔，于是我带着他们将银杏叶做成了玫瑰花、蝴蝶、圣诞树……一片片小小的银杏叶也可以创造出大大的惊喜。欢迎一起走进银杏叶的奇妙世界。

游戏物料

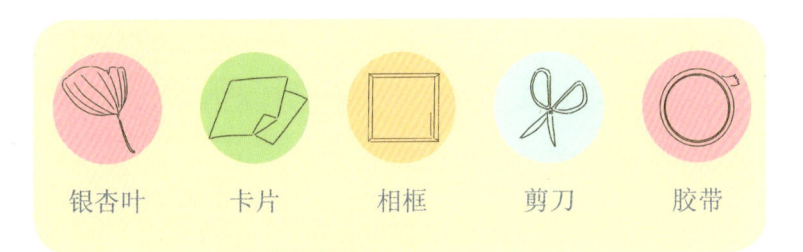

银杏叶　卡片　相框　剪刀　胶带

游戏流程

银杏叶蝴蝶：

先准备完整干燥的银杏落叶，再用指甲（也可以是直尺、卡片或钥匙等）将银杏叶刮扁，刮出水分后，叶子在后续操作中不易断，将叶柄打单结后一分为二，将银杏叶对折，在叶子上画出喜欢的图案，DIY 出一只独一无二的蝴蝶。如果能配上一个透明相框，就像是一个艺术品。

银杏叶小鹿：

将银杏叶左右各撕开 1 厘米左右（手指宽度）至快要到叶柄处，将叶柄向后折，用银杏叶中间部分包住叶柄，捏住包裹叶柄的银杏叶并拉动叶柄，会动的银杏叶小鹿就完成了。

银杏叶玫瑰花：

捡银杏叶的时候要注意不同大小的叶子都要捡一些，按照大中小分成三堆，顺便捡几枝干树枝做花杆，也可以用铁丝代替。先用较小的叶子做花心，较大的叶子做花瓣。注意卷的时候不用太整齐，可以有一些层次，要按照玫瑰花的结构特点，花心较高，花瓣逐渐绽放开来，慢慢变低，角度变平，可以把叶子折叠一点，做出层次感。

做银杏叶玫瑰花的时候要各个角度观察一下，让花的形状更自然对称，叶子要错落有致地粘贴。按照自己的喜好确定花最终的大小，用绿色纸胶带固定。花朵做好后，可以找一些叶材和小花朵搭配，用纸随便包一下就很好看啦。

游戏与成长

在与银杏叶互动的过程中，需要一定的手工技巧与创意思维，孩子在制作过程中可以锻炼手部协调能力和想象力。而且在创作时，如何用银杏叶本身的形状和自带的颜色进行搭配，做成好看的蝴蝶、玫瑰，也能提升孩子的审美能力，让他们对美有更敏锐的嗅觉。制作手工艺品是释放压力的很好的途径，也是亲子合作的好机会。父母可以让孩子在轻松的氛围中与自己交流，释放压力，缓解学习和生活带来的紧张情绪。

游戏照片

滚草坪

大自然是强健孩子体魄的天然操场,是孩子健康成长的营养品。希望家长们能把这种天然的营养品给到孩子,激发孩子天然的生命能量。孩子在户外活动时越活跃,就会越健康。户外活动可以通过一个简单好玩的滚草坪游戏开始。

游戏物料

天然草坪

游戏流程

家长带领孩子去公园找到一处宽阔的、有些许坡度的草坪，让孩子发挥不同的创意，用不同的姿势在草坪上滚动。

游戏与成长

记得我们第一次带孩子们滚草坪是在钱塘江边，刚好堤坝下面的草坪又大又长，坡度也很好。于是我们开始了一轮滚草坪比赛，没想到孩子们连滚个草坪都滚出了无数的创意，单人滚、双人滚、蛙泳滚、仰泳滚……滚草坪的过程中真是天旋地转，真是无比好的感统训练啊。孩子们滚得一身草屑，个个乐此不疲。经常有家长和我分享说，孩子滚过草坪之后，见到草坪都要在上面滚一滚，滚的过程把一身情绪也滚给了大地，还回来一个无比轻松的孩子。自然就是有这样的疗愈能力。

我看到有专家提出，多在草坪上打滚能降低抑郁的风险。我再好奇地去查阅资料，发现滚草坪还能让孩子身体更加健康。其实不仅仅是滚草坪，常在自然界中摸爬滚打的孩子身体都会更健康，因为太阳紫外线有杀菌作用，可以预防很多疾病；新鲜的空气能提升内脏器官功能，减少呼吸道疾病，增强肌体对外界环境的适应能力。玩泥巴、滚草坪、研究花鸟鱼虫的孩子更不容易得过敏性疾病，因为土壤中有一些微生物，会帮助孩子减小过敏或患上自身免疫性疾病的几率。

游戏照片

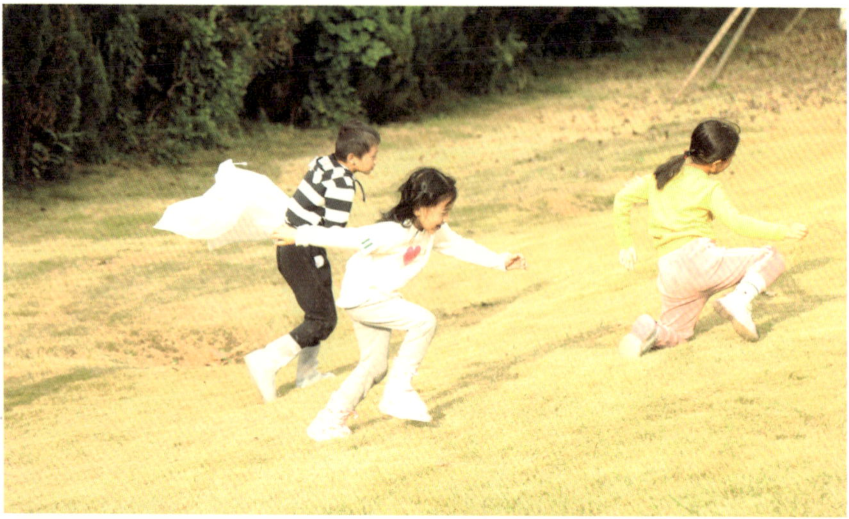
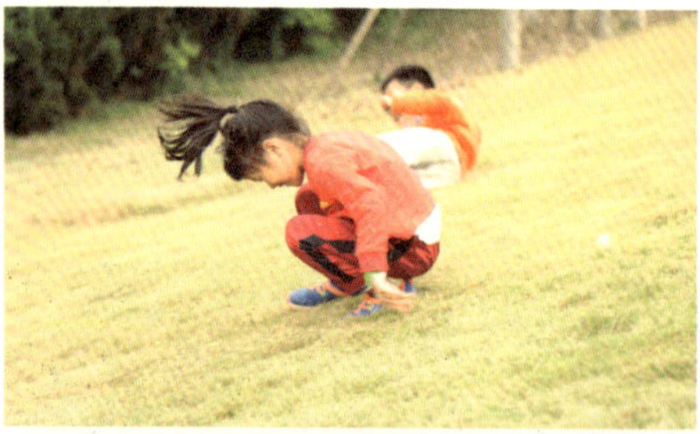
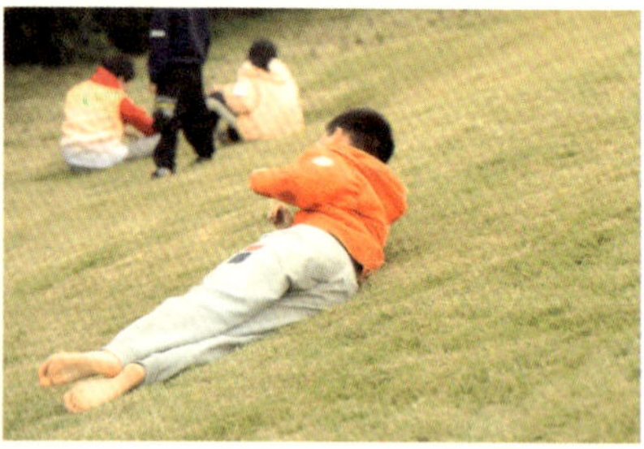
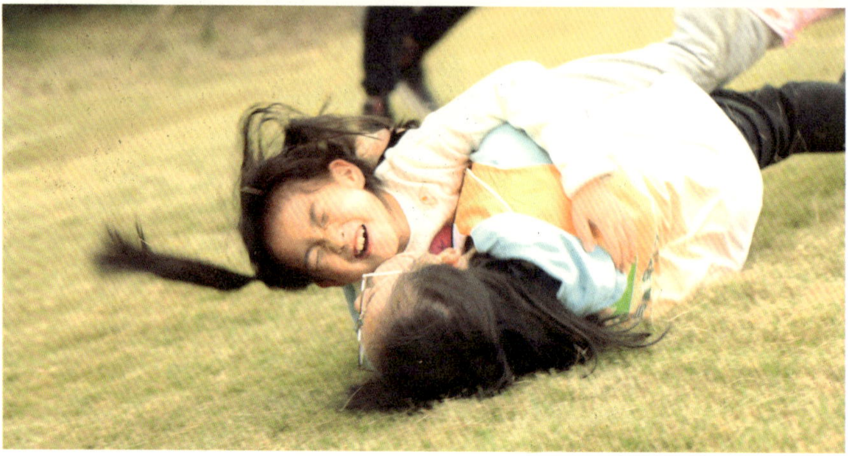

百变无患子——神奇泡泡果

暴雨过后，水在地面流动并伴随着许多泡泡，泡泡是哪里来的呢？后来发现是雨点敲打被浸泡的无患子形成的泡泡。把无患子放进装有水的杯子里，任它生发出满杯的泡泡。哇！无患子原来这么好玩！

游戏物料

无患子　　容器　　吸管

游戏流程

拿 2 颗无患子剥开,往杯子里加入 30 毫升水,再拿一根吸管,就可以吹泡泡了。把嫩绿的无患子放在手心并加少量水揉搓,就能收获满手的泡沫。

游戏与成长

玩肥皂泡在我们这辈小时候是最简单的快乐,到孩子这一辈就变成了泡泡枪,食指一动,连续的泡泡或是超级无敌大的泡泡就伴随音乐连续不断地发射出来,然而,总觉得少了点什么,少了什么呢?今天我们知道了,少了创造的快乐,少了变化的快乐。

吹泡泡这个游戏可以充分地锻炼孩子们的口部肌肉，以及下颌、唇、舌等构音器官，提高它们之间的灵活性和协调性。语言能力发展的关键是它们之间的相互协调和配合，孩子口部肌肉的发展是语言发展的重要基础，这些训练在孩子的语言发展阶段不可忽视的。

游戏照片

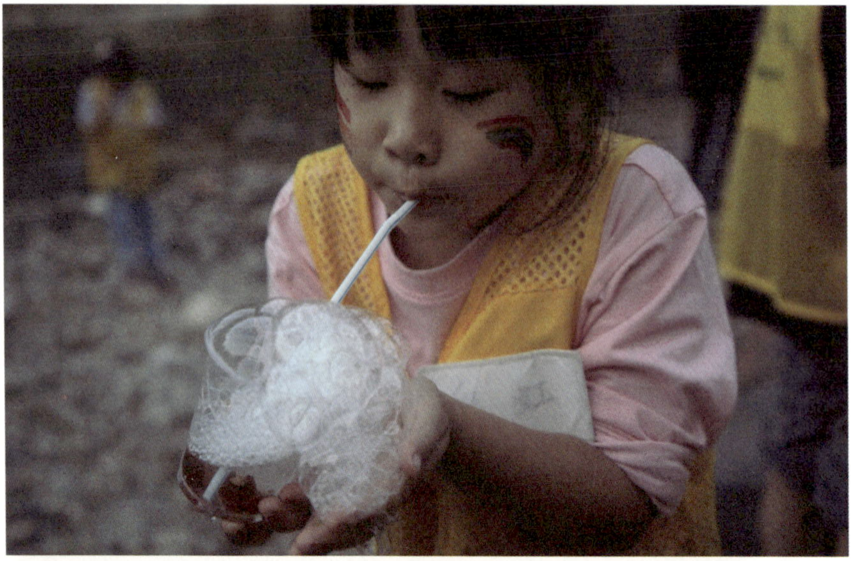

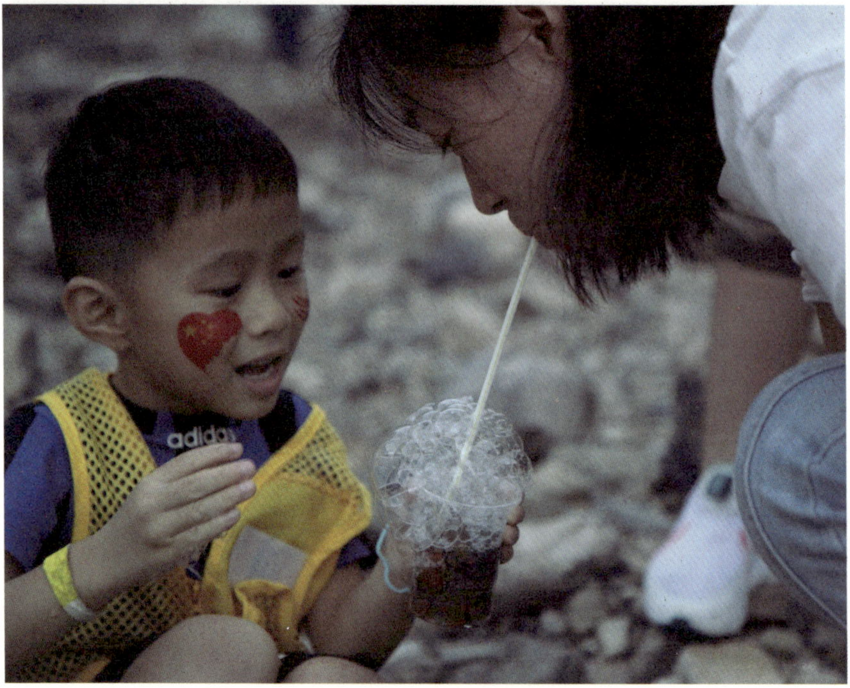
adidas

秋日寻宝

没有人会否认秋天的美——硕果累累，绚丽多彩，干爽舒适，没有春天的湿热、夏天的闷热和蚊虫、冬天的寒冷，秋天是一个非常适合户外活动的时节，待在室内一秒钟都是对这好天气的辜负。如果你的孩子还没有爱上户外，那么秋天将是最容易建立对大自然的好感的时节。带上宝物篮，找一个美丽的地方，来一次轻徒步，把沿途可爱的、漂亮的、有趣的果实也好，叶子也好，任何叫不出名字的自然物也好，通通收到宝物篮中。

游戏物料

宝物篮　　胶带　　漂亮绳子

游戏流程

在自然公园或植物园里来一场轻徒步,边走边让孩子采集自己认为的秋天元素。轻徒步的结尾,是在一片不受打扰的草坪上,把宝物篮里的宝藏都倒出来,把这些元素组合在一起,看看能做出什么样的"秋天的创意"。

游戏与成长

这是一次轻松而欢乐的徒步,我们在不断地探索、发现,在惊喜中徜徉。孩子们发现即使是同一种叶子,颜色也各有深浅,捡了一片又一片,爱不释手。而果实,有红色的,棕色的,竟然还有蓝色的,哪怕是已经残败的荷叶，你也忍不住想要摘下它，因为残荷别有韵味。

单单是寻宝这件事情，孩子们就能非常投入和享受。这个过程你会惊叹于他们的观察力，好像个个都有火眼金睛，总是能发现让人意想不到的东西。那些平常我们连看都不会去看一眼的小玩意儿，此刻在孩子们的眼里，都犹如珍宝一般。这个找到麦冬的蓝色果实，惊喜地哇哇大叫起来，那个便凑上来说："给我几颗呗。"伙伴之间自然而然的交流，友情也在不知不觉中发展起来。

我们还可以找一棵粗壮的大树，从落叶开始，跟孩子们唠唠关于"生和死"的故事。落叶美不美？一片叶子的生命经历了春天和夏天，到了秋天这个收获的季节，所有叶子的颜色变得那么绚丽多彩，因为它要赞颂这一次生命的美好。为什么秋天会落叶？落叶就是一片叶子生命的结束。那这片叶子之后将会到哪里去呢？所谓叶落归根，这片叶子落下后会回到大地，变成泥土，成为大树的养料，让这棵树长得更好！同时，你会发现这片落叶虽然凋零了，但其实它没有消失，也没有离开，它只是融入了泥土中，成为大树养分的一部分，其实它一直都陪伴着大树。落红不是无情物，化作春泥更护花。每一片凋零的叶子，都变成了大树能量的一部分。

一棵树就好比是一个家族，落下来的叶子，就好比已经离开我们的先辈们，但是他们有没有离开我们？没有，他们只是叶落归根，回归到"根"上重新给家族带来生生不息的能量。清明节你去祭祖的时候，一定能感受到来自先辈的祝福。冥冥之中，生命绵延不断，世间万物都是如此，在生生灭灭中传承、延续、发展。

游戏照片

121

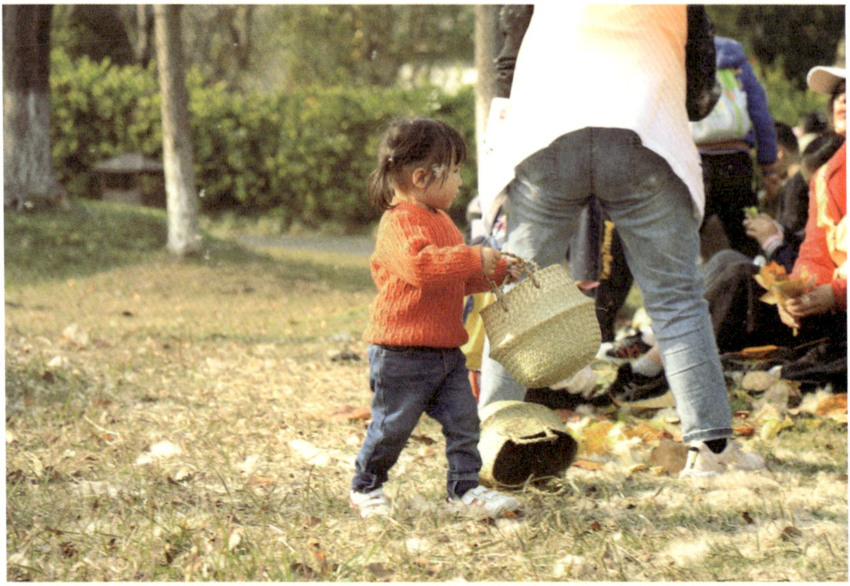

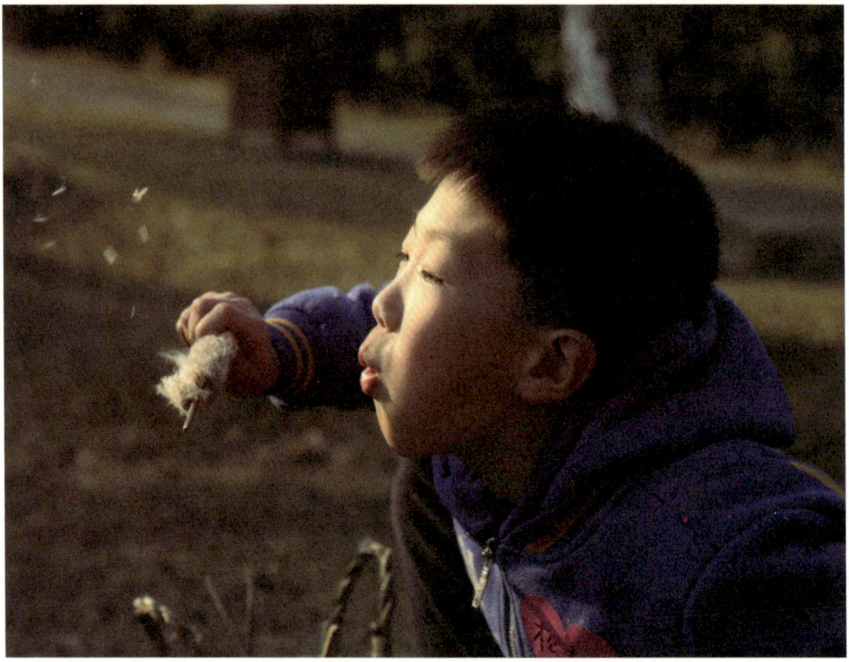

冬

- ★ 叶子拼图
- ❀ 寻找我的树
- ❋ 枸骨叶风车
- ★ 一帘幽梦丝相连
- ❋ 松塔之爱
- ❀ 条条道路通罗马

条条道路通罗马

枫香树是一种常见的乔木类植物，叶子用颜色变化来呈现着岁月的痕迹，树上的果子也会因为季节交替而掉落。每次遇见果实掉落我都会捡几个，毫不起眼的果实，经过加工后简直就是"化腐朽为神奇"，变成我们口中的"路路通"。若是和朋友在一起走时，遇到枫香的球果，一定要记得和他分享，让他也感受这神奇的变化。

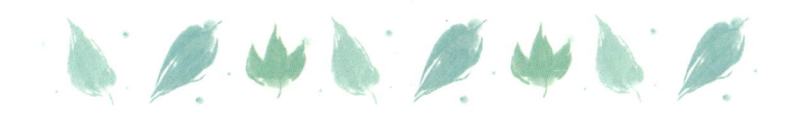

游戏物料

螺丝刀　　镊子　　枫香果实

游戏流程

像吃奥利奥的方法一样,制作"路路通"也有属于它的三部曲:磨一磨——磨掉外边张牙舞爪的刺;掏一掏——用准备好的镊子或螺丝刀将种子掏出来;摔一摔——摔掉中间细小的种子碎片。经过这三部曲就可以将路边随处可见的果实,变成我们所喜爱的"路路通"。

游戏与成长

有一次,我们在地铁口附近找到了一个实现"路路通"自由的地方,所有人开心地大喊,引得不少路人驻足。他们一定在想,这每天坐地铁都会经过的地方,有什么东西让这些孩子如此惊喜?我们越捡越多,根本停不下来,有的孩子捡了满满一篮子,成就感爆棚,开心极了。之后我们把活动照片分享到微信群里,让"路路通"风靡一时。

这是个能让孩子进入心流般工作状态的自然好物,在落叶堆里扒拉,寻找掉落的果实,打造一个"路路通"所需要的时间不过半个小时。时间的快慢不是最重要的,最重要的是专注,享受其中。孩子在成长的路上,有时候慢慢来,专注于脚下的每一步,反倒会走得比较快。

游戏照片

松塔之爱

当你第一次在户外遇到松塔时，我猜你一定会爱不释手，尤其是当你听到"松塔之爱"的故事后，一定会更加喜欢松塔。

松塔妈妈想让孩子在风和日丽的天气出发。天气晴朗干燥时，松塔妈妈张开怀抱，让孩子们乘着风出发。若是阴雨天，松塔妈妈就会抱得紧紧的，不让孩子遭受风吹雨打。植物好像跟人一样，同样拥有保护孩子的天性。

我们一起来探索一下好玩的松塔吧！

游戏物料

松塔　　水　　计时器

游戏流程

准备两个大小接近的松塔，以其中一个作为参照物，将另一个松塔泡入水中，完全浸湿后捞出，观察松塔的闭合状态；也可以一直泡在水中，每十分钟观察一次松塔的闭合状态，并让孩子记录下来。

游戏与成长

在这个游戏中我们会发现：当环境干燥时，松塔的鳞片打开；当环境湿度达到一定程度时，鳞片闭合。

这种现象的生物学原理是什么呢？松塔的每一个鳞片都由两种不同的细胞构成：内表皮由厚壁纤维构成，拧成一股股微型绳索；而外表皮则由石细胞构成，其形状没有厚壁纤维那样细长。这两种成分对水的亲和力不同，在吸湿性方面有些差别。当松塔中的纤维吸收或释放水时，这两种细胞会不同程度地膨胀或收缩，使鳞片闭合或张开。

创造松塔作品时，总能给我们带来很多惊喜，不仅发挥了孩子无限的创造力，还锻炼了其动手能力。在制作的过程中，会遇到各种各样的小困惑，这是一个非常好的锻炼孩子动手解决问题能力的机会，能大大提升孩子们的成就感。

游戏照片

一帘幽梦丝相连

小时候村里有一棵树曾带给我们很多欢乐。

我们会摘下它的叶子，比赛谁撕的叶子拉丝长而不断。长大后，当我重新关注植物，发现这棵承载着童年记忆的树竟是杜仲。起初还不敢相信它居然是这么有名的植物，直到去植物园看见挂着名牌的杜仲树，捡一片杜仲树的落叶撕开，重新感受那种叶断丝连的感觉，才敢确认当年那棵树就是杜仲。

游戏物料

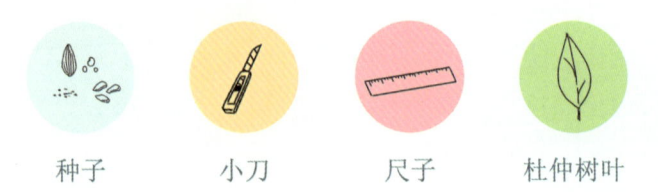

种子　　小刀　　尺子　　杜仲树叶

游戏流程

捡拾杜仲树的落叶,双手捏住叶片轻扯,叶子断开会有丝线相连。将叶片多处撕开,撕开位置均匀而不断,也可以尝试用小刀和尺子一起操作,完成叶断丝连的游戏。用秋季掉落的杜仲果实或用杜仲树皮来做相同的操作,我们也会发现类似的现象。

游戏与成长

当孩子们第一次听到杜仲时,还以为这是一个人名,反复确认了好几遍。初春的一日,我们走在一个梅园中,偶然看到满地的杜仲种子。把杜仲的玩法教给孩子们后,娃们玩高兴了,开始挑战谁拉的丝最长。

不得不说孩子们的创造力和挑战精神让我们成年人自愧不如。撕开叶子保持丝线不断,需要非常大的耐心。孩子们在拉丝的过程中,必须拥有自己判断拉丝极限的能力,也要有见好就收的自制力,否则叶脉就会断裂。当然,这也需要不断地尝试,积累失败的经验才能总结出方法技巧。愿意挑战新的高度,才能有所突破。我们所要做的就是保护孩子的专注力,让他们尽情体验、感知、吸收,将其转化为身体记忆。

我们发现,将身边植物的玩法先教给孩子,让其对植物产生足够多的兴趣和联结,孩子们自然而然就吸收了相关知识。有趣的体验能够激发孩子的探索欲和求知欲,这是最轻松愉悦的学习方式,效果也出人意料。

游戏照片

枸骨叶风车

枸骨——满身是刺，张牙舞爪，最初见到它时总会避而远之，当知道可以用它的叶子来玩风车时又变得对它又爱又怕——喜欢玩但又怕被扎。吹动枸骨叶风车那种痛并快乐着的体验感很是独特，风车转起来带来的惊喜超越了小尖刺戳在手指上带来的疼痛。据我观察，大部分体验者都很乐意尝试并分享这个简单有趣的游戏。

游戏物料

枸骨叶子

游戏流程

挑选枸骨叶子,用拇指和食指拿枸骨对角线的尖刺,轻吹枸骨风车一角,直至枸骨风车转动起来。

游戏与成长

枸骨叶表面平滑且有光泽,而身上的刺齿又让人有距离感,殊不知它的叶和果实都有着非常珍贵的药用价值。但我们更关心的是它能怎么玩?孩子们的自我保护意识很强,看到枸骨叶的刺齿,会自然地选择远离,但他们拒绝不了玩枸骨叶风车的快乐。于是,想要自己制造快乐的心战胜了"被刺痛"的恐惧。

在尝试的过程中,孩子们会发现"风车"吹动起来,手指会感觉痛,转动得越快手指越痛。我们会看到非常有趣的画面,孩子们虽然嘴里喊着"手指好痛啊",却是满脸灿烂的笑容!那种成就感、内心的喜悦早就超越了手指的痛感。

枸骨叶风车从可以吹动到可以吹得咕噜噜顺溜地

转动，还是需要一些技巧的，手指拿捏的力度和吹叶子的角度都会影响"风车"的正常转动。在这个实验过程中孩子们会明白失败是正常的，从失败中汲取经验，从疼痛中找寻方法。做没做过的事叫突破，做不敢做的事叫勇气，做不愿意做的事叫成长。

游戏照片

寻找我的树

《小王子》里面说:"正是你为你的玫瑰付出的爱,使得你的玫瑰如此的重要。"

当我们观察一棵树,感受一棵树,这棵树与我们的关系就会变得不一样。因为在此之前,我从未用这样的方式邂逅一棵树,于是它就成了"我的树"。

游戏物料

一片树林　　　　眼罩

游戏流程

两人一组,一人戴上眼罩,另一人引导其行至林中找到一棵树。蒙眼者通过听觉、触觉、嗅觉来感受一棵树,抱一抱、摸一摸、闻一闻,还可以听一听周边环境的声音,感受一下脚所踩地面的特点。引领者带蒙眼者回到出发位置,摘下眼罩后,蒙眼者通过之前对那棵树的了解,去寻找"自己的树",找到后再闭上眼睛触摸,感受更多细节。

游戏与成长

我们第一次开展的自然活动就是"寻找我的树",我们先让父母带着用眼罩蒙着眼睛的孩子去找寻一棵树,让孩子利用除眼睛以外的其他感官认识这棵树。感知结束后,再由父母将孩子带回原地。为了增加难度,爸爸妈妈把回到原地的路程加长,九拐十八弯。孩子摘下眼罩后,凭着身体记忆去找到那棵"大树朋友"。神奇的是,所有孩子都找到了属于自己的"大树朋友"!他们激动地分享自己是如何找到那棵树的,以及找到时的心情,仿佛发现了自己有特异功能一般,是那样的不可思议。轮到爸爸妈妈蒙上眼睛了,孩子们此刻比自己玩时更兴奋。因为这种"神奇的感觉",听他人说是无法感受到的,我希望你也能体验这种"奇妙的感觉"。孩子们着急地给爸爸妈妈戴上眼罩,快速地拉着"看不见东西"的爸爸妈妈。爸爸妈妈此刻在怀疑自己:"这样真的能找到吗?"带着些许忐忑,开始了第一次对大树的探索。他们学习孩子认识树的方式,去寻找这棵树能让他们识别的更多特点,抱抱它、闻闻它、摸摸树皮和露出地表的树根,听一听周围的声音,感知脚踩地面不同的坡度、平整度,感受一下阳光的方向。回到原点,摘下眼罩后,他们也轻而易举地找到了那棵"大树朋友"。不论孩子牵着他们在起点和终点绕了多少圈,在他们摘下眼罩的那一刻,就已经确认了方向。他们开心得像个孩子，激动地分享自己找寻大树的过程，原来只有当眼睛闭上的时候，其他感官才能发挥更大的作用，更能帮助我们提升感知力，更加全面地看待一切事物。那个许久不见的纯真、放松的笑容展现在每一位家长的脸上。

这是一个建立亲子间信任感的非常好的时机，当你蒙上眼睛，内心会有对未知的恐惧，那个引领你去找树的爸爸妈妈或是孩子，此刻就是带给你最大安全感的人。通过角色互换，也能了解彼此身在不同处境时的感受，增强同理心。

游戏照片

叶子拼图

拼图，几乎每个孩子都玩过，一般孩子上了幼儿园，老师都会推荐我们为孩子选择一些简单的拼图来玩。拼图可以锻炼孩子们的思维、视觉分辨能力和动手能力。买来的拼图，都需要孩子们根据参考图片将拼图块拼起来。将碎片拼凑完整后，孩子们获得了满满的成就感。但我们的叶子拼图有些不一样，是没有参考图片的哦。

游戏物料

落叶　　剪刀

游戏流程

捡拾大一点的落叶,根据孩子的年龄和能力选择拼图的不同难度,将叶子剪成三块以上不同形状的碎片,然后让孩子将碎片拼成一片完整的叶子。

游戏与成长

拼图游戏可以考验孩子们的观察力和视觉分辨能力，利用五感认知叶片，可以提升孩子的感受力。游戏难度的设置可以帮助我们了解孩子的发展阶段，以便设置更多适合孩子发展情况的游戏。孩子在游戏过程中产生各种情绪时，父母应当给予理解，允许孩子有情绪波动的表现。

因为孩子们对拼图游戏都很熟悉，所以游戏的参与度非常高，孩子们都信心十足。在拼图前可以加上对叶子的认知和五感体验，加深对大自然的联结。家长们可以多选择一些大小不同、颜色不同、触感不同的叶子，这样游戏体验会更加深入。让孩子们尽情地去感知，在游戏的过程中，他们的身体、感觉、情绪、心理、认知、精神六个部分都能得到全面的发展。只有体验足够多、足够深，孩子们的感受才会强烈，才会有欲望去表达自己。

除了父母给孩子们出拼图题，我们还可以让不同的小组互相出题，或者让孩子们为老师或爸爸妈妈出题。孩子们特别喜欢当"考官",让孩子当"考官"可以增强孩子的创造性思维。当孩子们设计问题时,他们需要思考问题的不同方面和各种可能的答案。他们在相互协作、讨论问题的过程中,培养了合作精神和团队协作能力,最终达成共识。

当孩子们设计的问题被其他人做出来时,他们会感到自豪和满足,不知不觉就增强了他们的自信心和自尊心。每个人都更加积极地参与到活动中来,互动也增加了。

游戏照片

149

4

自然游戏的亲子实践收获

与孩子一起乐享自然,享受养育

——紫藤妈妈

四年前我跟儿子关系非常紧张,紫藤同学常常跟我唱反调,还时不时闹一出不肯上学的事情……那时候的我完全无法理解"享受养育"这四个字的意思。在工作中雷厉风行的我,面对那个幼小的孩子,却无计可施,当妈这件事让我充满挫败感和无力感。因此,我去学习了一些关于亲子教育的课程,有幸认识了在亲子教育界深耕多年的宇燕老师。

有一年的五一假期,宇燕老师叫我们去参加一个活动,三天挑战58公里的徒步。我原来以为一个孩子走那么多的路会吃不消,结果完全出乎我的意料,紫藤同学的脚力远在我之上，反倒是我要努力才能跟上他。我好像从来没有这样带过孩子，这是我第一次带着儿子如此长时间地沉浸在自然中。回来以后，我发现那个平常动不动跟我唱反调的娃变得乖巧了很多。我突然理解了宇燕老师一直在说的"情感银行"和"高质量的陪伴"的真正意思了。

这三天，我们一起在西湖"洗脚"，一起在草坪上做游戏，一起冲刺北高峰，一起在富春江边看日出，然后拖着疲累的身体，晚上一起呼呼大睡……这一路"一起"的部分，往我和儿子的"情感银行"里存下

了很多的情感。有了这些情感，我们的关系更近了，孩子自然愿意听我的话了。还有，在这个徒步的过程中，紫藤同学时不时会收获一些肯定、欣赏和赞美，比如跟小朋友们斗鸡取胜时，比如我走路跟不上他时，比如他跟大哥哥大姐姐PK爬山荣获第三名时……我发现当一个孩子收获自信的时候，好像脾气都变得更好了！

徒步的过程中，宇燕老师随手从路边拔了一根草，转眼让紫藤同学变身"绿眉大侠"，这是我第一次知道"夹眉毛草"。路过元宝树时，我们摘下一串"元宝"做成绿元宝项链……儿时觉得田野里什么都可以玩的感觉似乎回来了，而这些一路上随处的遇见，让儿子开始对自然充满了好奇，本来看似枯燥的行走，变得乐趣无穷，原来自然里面有这么多天然的"玩具"！

我是从小在田野里跑大的孩子，小时候喜欢田间地头的一花一草，长大了喜欢祖国的名山大川，对我来说喜欢自然似乎是一件稀松平常的事情。却不曾想

过有了儿子以后,村子虽然还是小时候的村子,田野却已经几乎不见了,玩泥巴无论是从材料的角度还是从卫生的角度考虑,都已经被摒弃,消失在我们的视野中,儿子的玩耍空间大部分都在室内的水泥房子里。小时候的自然到底有什么乐趣,我似乎已经记不清了,而从小玩玩具长大的儿子,就更加不知道了。

我开始有一种感觉:跟对人,做对事,教育也可以很简单。

有一年到了柳树刚刚发芽的季节,我陪儿子去西湖"柳浪闻莺"看柳树,紫藤同学看到那一条条垂下来的柳枝时,惊叹到:"哇,这不是'万条垂下绿丝绦'嘛!"那一刻我特别感慨,原来当我们能亲身感知这个世界的美时,诗意自会流淌出来。想让一个孩子写出好作文,无非是带着他多去真实地感知这个世界而已。

《达·芬奇传》讲到达·芬奇和爱因斯坦这些伟大的人的创造力密码时,引用了爱因斯坦写给朋友的一句话:"我没有特别的才能,我只有强烈的好奇心。"而达·芬奇把"描述啄木鸟的舌头"写在待办清单上,不是因为这件事情在功能上有多么重要,而只是因为好奇,纯粹的好奇。但是,恰恰是这种纯粹的好奇,才让达·芬奇和爱因斯坦拥有无穷的创造力。

我们一直说要培养孩子的创造力,因为我们都知道,在人工智能的时代,创造力才是真正让孩子在未来有竞争力的能力。当我看到儿子完全不顾蒙蒙细雨,也不顾地面的泥泞去追逐小鸟的踪迹时,那种专注,那种一定要去发现的样子让人感动。我看到好奇心可以让一个孩子变得不知疲倦,变得专注,变得忘我……这些我们锲而不舍地想要培养的孩子的品质,一个好奇的孩子天然就拥有,而大自然正是激发好奇心最佳的场所。

就这样一次次跟儿子沉浸在自然中,渐渐地,那颗远离我许久的"好奇心"也回来了,那个只懂得欣赏"远方"的名川大河的人,开始能欣赏身边的一草一木的美了。有一次,我去湖边散步,突然听到一种虫鸣,如果是以前,我不会觉得有什么奇特,但是那一次我好奇地走近那个声音,找到这只虫子,我清清楚楚地看到这个小东西的翅膀在不停颤动,我第一次亲眼见证了翅膀震动发声!当我摸着一片新长出来的叶子,用手感受它的柔嫩,心里油然而生一种美好的感觉。那一刻,什么烦恼都抛诸脑后,这不就是活在当下的感觉吗?当我有了越来越多活在当下的感觉时,我发现焦虑自动离我而去。看着儿子时,我不再纠结于这事、那事是不是做好了,而是生出很多"这个儿子多好"的感觉来,说话的语气都变得柔和了。结果,教育真的就变得简单起来。

原来教育也没有那么难!让自己像孩子一样,乐享自然的同时,享受养育!

和孩子一起在大自然中成长并疗愈

——小鸟妈妈

我是从小生活在北方城市里的独生女,习惯了在钢筋混凝土里度过长长的暑假和寒假,刷着一部又一部的港剧长大,性格也是一板一眼、循规蹈矩的。我老公从小在南方的田野、大山和溪水边长大,和我相比,他更自在,更有创造力。

这些差异,在后来养育孩子的过程中,成为很多次冲突爆发的导火索,比如我和我的爸爸妈妈喜欢在家里带孩子,而老公和公公婆婆则喜欢把孩子带出去。为了高品质地养育孩子,同时处理自己成长中的各种印痕,我选择进入家庭教育体系学习成长。通过学习才发现，原来我们都是在用自己熟悉的模式来处理新的问题，而不是根据孩子的需求来应对。通过学习，我也了解到，户外活动可以让孩子更多地与大自然的广袤力量相联结，让孩子的生命更有活力，更有根基，更具创意，更灵动。

在学习家庭教育的过程中，我认识了宇燕老师。宇燕老师当时为了更好地陪伴自己的孩子成长，正在筹建一个带着孩子在户外享受自然的活动。这个初衷正好跟我的需求不谋而合，后来我就经常在活动中陪伴孩子融入自然，再后来开始承担领队的工作，引领孩子去发现、去探索、去深入地体验。在后来的自然

活动中，我发现更多的时候是孩子教会我们这些大人如何与自然联结。

在有意识地亲近大自然一年之后，我发现很多的艺术家，比如画家、音乐家，甚至科学家、发明家，他们都有自我疗愈的自然秘境。比如我们在云南大理苍山下遇见的音乐奇才。他的音乐取材于森林里的虫鸣鸟叫和溪水潺潺。他的乐器、他的灵感也取自森林。我和孩子们有幸在丛林中欣赏了他的音乐会，一起沉醉其中，特别治愈。在自然音乐会中，听到老师分享森林是他的心灵秘境的时候，我突然惊奇地意识到，我也有自己的自然疗愈秘境。

我从小在一个海滨城市长大，每年夏天都会去海边玩。在大学期间，每年寒暑假回家，我也都会到海边去坐一坐。夏天去泡泡海水澡，赶赶海。冬天去吹吹海风，看看或平静或波涛汹涌的海，听听海鸥的叫声。看着冬日暖阳下的海面，这个季节里为数不多的碧绿颜色，在海堤边走走，心情特别地舒畅和宁静。回想最初远离故土的四年，有很多的压力：人际关系的压力、学业就业的压力等。每当面对广阔的大海，看着或汹涌或平静的海面，这些压力都仿佛被海风吹走，被海浪卷走，消失得无影无踪。看着海鸥，自由地翱翔，心情也放松了。后来在一些有关自然户外的专业书籍中了解到，自然界本身就可以让我们释放很多的多巴胺，让我们身心愉悦、平和。广袤的大地、广阔的视野也可以提升格局。观察自然中的虫鸣鸟叫、动植物之间的互动，也会让人很投入、很专注，从而忘却烦恼。海边就是我的心灵秘境。

而我的孩子们，他们有疗愈自我的秘境吗？当他们遇到困难时，有地方给他们提供源源不断的力量吗？

我家大女儿是一个很内敛的女孩子，有很多情绪会隐藏在心里，不懂得如何去释放。女儿刚上小学的时候，注意力也不太集中，遇到难题很容易受到情绪的牵绊，只能放弃。这跟我的性格有很大的不同。所以在那段时日，虽然我知道要接纳孩子的现状，但是我没办法做到，我觉得这是一个非常困扰我的难题。后来了解到，大自然能给孩子力量，也能让情绪很好地释放，我就经常带她参加自然活动，惊讶地发现她在自然活动中有很多擅长的部分，比如她可以用花、叶片、果实做很漂亮的曼陀罗。

有一次，她和伙伴们在香樟树下寻找果实路路通，她像一只可爱的小兔子一样在地上蹦来蹦去，趴在草丛里面翻。别人一个都找不到，她在很短的时间里就找到了十七八颗，观察力和专注力都超级好。后来在制作路路通的时候，也很快就能把每个孔都打通。我自己制作一个需要20多分钟，还不一定能处理得很干净。同样的时间她和小伙伴们已经完成七八颗了，而且打磨得很漂亮。在一次次活动中，我在她身上看到了我一直想要的那种专注、沉浸、尽善尽美，还有我所不能及的高效。

还记得，最初带她在户外做游戏的时候，她经常躲在哥哥姐姐后面，是那个被保护的弱小对象。经过两年在自然中的锻炼和释放，她现在已经成长为团队的依靠，也经常在各种大型运动，比如丢沙包、跳大绳、斗鸡比赛中获得"王者"的称号。今年是我和孩子们进入户外的第三个年头，不仅孩子成长得很快，朋友们说这两年我也有很大的变化。人变得柔软了、温暖了，与人之间多了很多情感的联结，说白了就是现在变得更有"人味儿"啦。原来朋友们对我的印象是"人蛮好的，就是给人距离感"。我记得高中时，有个同学送了我一个字——"独"，独来独往的"独"。

他其实没有恶意，当时的我也不太理解他是什么意思。可能是因为我本来就是独生子女，在同辈中也是老大，和妹妹们年龄差得大，也没有太多时间相处，从小就一个人孤独地长大，陪伴最多的除了父母就是电视。学习成绩也总是排在前几名，是老师眼中的乖学生，却是同学眼里的"高冷"学霸，无法亲近。说白了不过是教育体制下标准的好学生，是社会的一块"标准砖"而已。

　　是大自然给了我和孩子们新生，给了我们广袤的世界和宽阔的视野，还有自然的弹性。在自然中养育孩子的过程，也是疗愈自我的过程。希望我的经历和

所学，能带领更多的孩子和家长乐享自然。用成长陪伴成长，用生命点亮生命！

在自然中成长，遇见更好的自己

——大树 & 小糯米妈妈

我也算是在农村长大的孩子，小时候去过田里割稻子，下过小溪抓螃蟹，从小到大我好像都没怎么焦虑过，不论是中考还是高考都顺其自然地过来了。可是到我儿子幼升小的第一年，我居然因为他的学习状态焦虑得哭出来。老师的反馈、孩子的态度、亲子关系的紧张都让我处于崩溃的边缘。万分幸运的是在宇燕老师的自然游戏中，这一切都慢慢地改变着，不仅改变了我对那些让我焦虑的问题的看法，最令我开心的是改善了我们的亲子关系。

还记得第一次参加自然亲子活动时，我们参与下午的自然游戏"寻找我的树"。我被蒙住眼睛,由娃带着走过石坡小路的时候,胆战心惊,步子都是用挪的,生怕他把我带着摔一跤。当角色互换,换他戴上眼罩,我牵着他走的时候,他和平时没什么两样,照样走得飞起。这时我就在想,我们的孩子对爸妈百分百的信任,为什么我们不能完全相信我们的孩子呢?在这个游戏中,我开始改变了思想,全身心地和他一起参与,惊讶地发现他的眼睛里都闪着光。

那次活动,让我有了反思——我们总认为自己是信任孩子的,可我们的行为真的有表现出对孩子的信任吗?

让我印象最深的一定要数暑假的天台和云南之行。天台之行是孩子第一次单独出门,大大小小的孩子在一起会起不少的冲突。回家他就分享了非暴力沟通,并教我们如何进行非暴力沟通,因家里固有的环境和沟通模式,我们家长跟不上孩子学习的脚步,没有很好地将非暴力沟通持续运用到生活中。但也没关系,我们自己觉察到了需要改变,这也是一个很好的转变观念的过程。

云南之行真是十分精彩。在丽江的东巴课堂,学习千奇百怪的东巴文,创意无限。去虎跳峡徒步,真是一辈子都无法忘记的事情。当夕阳照到对面玉龙雪山的时候,出现了日照金山景象,真的是相当震撼。当时我和女儿说:"你现在看着眼前的风景,像拍照片一样把它印在你的脑海里。"从云南回来后,她还会和我说:"妈妈,我脑海里拍的那张金山的照片还

在呢。"而在大理遇到的特别的音乐老师，教孩子们认识各种我们都没见过的乐器，教孩子们用手和身体发出不同的声音，让我们沉浸在奇妙的声音海洋里。这种与大自然相联结的音乐课堂给我家儿子大树开启了不一样的音乐体验。他十分崇拜这位音乐老师，从头到尾都一直在认真听他的音乐和故事。回家后都总

是会念叨这位音乐老师和这次体验，音乐老师在他的心里种下了一颗音乐的种子。还有古镇探秘、去山里捡菌子、洱海的骑行、亲手体验扎染等，这些都是无法忘怀的经历。

在大自然的怀抱中，一群家长汇集的高能量的场域里，我们带领孩子们不断地画出心灵地图，我们更懂得陪伴孩子的秘诀。在大自然里，不断地让孩子们创造出更多的熟悉感和好感，将来一定会遇见一个更美好的自己。

大自然的神奇能量

——甜草莓妈妈

我的童年是在农村度过的,和小伙伴一起割过猪草、拾过稻穗、拔过笋、挖过野菜、放过牛,和小猪一起睡过泥地面。而现代孩子的童年,除了爬爬山,在公园里玩耍,更多的是上各种兴趣班,有点课余时间就会看电视、玩电子游戏,根本没什么时间跟大自然亲密接触。也许是受社会文化、生活圈子的影响,我自己有了孩子后,我发现我的孩子跟大自然的接触也少之又少。我也曾因孩子教育上的各种问题,经常处于崩溃的边缘,花了几年时间寻找各种解决问题的方法,上各种疗愈自己的课程。

一次偶然的机会,让我和宇燕老师有了更多的接触，她带着我们亲近自然，做各种自然游戏，让我重新与大自然联结，在大自然里我找回了那个快乐又顽皮的自己。当我静静地去看我现在的人生状态，发现不论是家庭关系，还是我和他人的关系，都在向好的

方向发展。因此，我特别庆幸和宇燕老师的遇见。

宇燕老师经常说，我们在童年与大自然在一起的美好记忆，会在将来的某一时刻给我们带来无限快乐和美好向往。当我们看到一棵树，就会启动和树联结的每一个快乐瞬间；当我们看到一块草坪，就会想起与小伙伴和爸爸妈妈一起滚草坪的快乐；当我们看到一朵花，就会有爱的情感在内心涌动，有对花的欣赏，有对美好生命的向往。每每走在田野边，我就会有寻找野菜的冲动。看到有牛在路边经过，我会想起儿时骑牛背的景象。春天，我会想着哪里有山蕨、哪里有野生竹笋可以拔。

我坚信，能走进大自然，和大自然在一起的生命，根本不存在抑郁的可能，他们会更加敬畏生命，更热爱生活，更懂得如何与自己相处、与他人相处、与世界相处。

接孩子放学的路上，拾起两片梧桐树叶，就可以和孩子玩"王者之梗"的游戏。拾起樱花的落叶就能让孩子欣赏，欢喜好久。拾起枫香树、枫杨树的种子就能玩"降落伞"的游戏。下雨时，用手去接雨滴和栏杆下的水珠，甚至可以踩水坑。我们随时随地就能用大自然里的资源玩出好心情，释放一天的学习压力。我们只需两颗无患子和小半杯水就能吹出好多好多的泡泡。樱花和乌桕的落叶绚丽多彩，是天然的调色盘。杜仲的叶子和果壳可以扯出像蚕宝宝吐出的丝。枫杨的种子像飞虫，将它抛向空中，就会像直升机的螺旋桨一样不停地转动。这些在大自然能轻易获得的美好，不断滋养着我的心灵，也为我和孩子增添了许多美好记忆。

有一天，我们在半山腰的平台上休息，欣赏杭州的全景。偶然间看到一只老鹰在天空中自由地翱翔，

不停地在我们眼前的那一片天空盘旋。而在近处，正巧有几只小鸟正艰难地从下向上拍打着翅膀。我邀请孩子一起观察小鸟和老鹰飞翔有什么不同？她发现，当小鸟想要往更高或更远的方向飞时，会不断地扑棱它的翅膀，看着很吃力。而老鹰只需要轻轻扇动它的翅膀就能飞得很远很高。观察完毕，我们一起模仿小鸟和老鹰飞行。当我们模仿小鸟时，奔跑时需要不断地上下摆动两臂；当我们模仿老鹰时，奔跑时我们只需张开双臂，自由地奔跑。结束后我问孩子："你觉得这两种飞的方式，有什么不一样？"她回答说："当我们是小鸟时，不断摆动手臂，感觉特别累。而当我们是老鹰时，只要张开双臂，特别轻松，连风吹过来的时候都感觉特别地舒服。"

"是的，当我们还不够强大的时候，需要不断地努力，来充盈自己。当我们跟老鹰一样强大的时候，我们做任何事，都变得轻松多了。只有自己足够强大了，才能帮助更多的人，还没有能力帮助别人的时候，就好好地成长自己。"

大自然是我们最好的老师，我们吸收着大自然的智慧与能量，让我们的心境更加平和。与孩子一起走进大自然，玩转大自然，让我们拥有不念过往、不惧将来、活在当下的心态。

编后记

这本书即将付梓的时候，刚好处于春夏交替之际，我发现通勤的路上原来有那么多紫藤花，开始学会抬头看路边的枫杨，看见香樟树的时候也试着把果实捏碎去嗅它散发的味道。书里说的是真的："当我们能亲身感知这个世界的美，诗意自会流淌出来。"

《玩转大自然》这本书关于游戏，关于孩子，关于自然，也关于教育。书中至关重要的一点是，它提供了一个进入自然的最佳方式，用自然游戏将孩子和自然直接联结起来，让孩子亲身感受自然的迷人和美丽，唤起孩子亲近自然的热情。这些游戏也让家长慢慢被自然的柔美同化，让他们感受自然中的和而不同，慢慢地他们开始学会接纳生命，接纳生命里的独特性，也就更能发现孩子最独特的美，给予他们最适合的爱。

这些游戏是宇燕老师基于江浙地区的原生自然条件所创造出的，落叶繁花，片片不同，自然之美，岁岁年年不同，江南有烟花三月，塞北有大漠孤烟，群山中树影斑驳摇曳，大海边波涛汹涌澎湃。或许由于地域的关系，我们无法完全复刻实践书里的自然游戏，但这本书里的创意足以让我们突破自然景观的边界去完成新的创造！

自然从来就离我们不远，钢筋水泥里总有自然之景在悄然生长，每个地区也都有独属于自己的自然环境。重要的是，我们要善于去发掘我们身边的自然，留意身边的植物，留意四时之景的变化，关注那些被我们忽略的藏在角落中的自然景色。或许，我们一时之间也不知道有哪些自然游戏可以玩，或许，我们一开始也不知道如何设计游戏，这些都没关系，可以从记忆中的童年游戏出发，可以观察周围的父母孩子在玩什么，可以去翻阅更多的书籍。重要的是，要有和孩子一起去亲近自然的想法，要培养自己观察自然、探索自然的能力，然后用游戏的心态，和孩子一起去玩、去闹、去探索，只有将自己和孩子置于自然之中，才能感知自然隐藏的乐趣。

在自然中游戏的过程，不仅仅是孩子和自然的联结，也是父母和孩子的联结，当父母和孩子一起去经历、一起去体验的时候，当父母进入到孩子游戏的时候，也在进入他们的内心。那些幼稚与奇妙，反而能帮助我们消除和孩子之间的隔膜，当我们真正了解孩子的世界之后，我们才能以更恰当、更亲近的方式陪伴他们成长。

"幸运的人用童年治愈一生，不幸的人用一生治愈童年。"我们带孩子走进自然，游戏自然，在自然中感受欢乐和美，就是希望他们有一个幸福的童年啊！

2024 年 5 月 15 日